변호사가
될게요

꿈을 향해
도전하는 당신에게
용기를 전하는
공부 에세이

변호사가
될게요

심규덕 지음

현익출판

목차

3부 ✦ 변호사로 살아간다는 것

추천사

철인 3종 운동을 하며 알게 된 심규덕 변호사는 제게 큰 동기부여가 되어 주는 사람입니다. 유소년기에 겪은 어려움을 스스로 극복하고, 다들 성공하지 못할 것이라 말했던 수영 4km, 자전거 200km, 마라톤 42.195km의 초고강도 경기를 기어코 완주해 냈습니다. 이 책은 전혀 다른 영역에서의 무모한 도전들 속에서 실행의 힘을 느끼게 하며, 누구나 무엇이든 될 수 있다는 용기를 줍니다.

김한균 (주식회사 파파레서피 대표)

인생을 살아가면서 인연 이야기를 참 많이 하게 됩니다. 심규덕 변호사와 저도 특별한 인연으로 만나 돈독한 관계를 맺게 된 사이입니다. 제가 공군참모총장을 지내던 시절 경호병으로 근무했다는 심 변호사와 우연히 지인을 통해 전화통화를 하게 된 것이 계기였습니다. 심 변호사의 군 복무 시절에는 서로 많은 대화를 하거나 관계를 형성하지는 못했지만, 긴 세월이 흐른 뒤에 뜻밖의 인연으로 다시 만나 지나온 과거 이야기를 함께 나눌 수 있게 되니 기뻤습니다.

이 책은 한 젊은이가 도전을 거듭한 끝에 로펌의 대표변호사로 성장한 과정을 기록한 내용입니다. 큰 힘이 되어 주던 할아버지를 잃고 방황하던 시간도 있었지만, 여러 어려움을 극복하고 결국 꿈을 성취해 낸 경험을 진솔하게 담고 있습니다. 오래 전 저의 안전을 지켜 주던 병사가 이렇게 큰 발걸음을 내딛는 모습을 보니 뿌듯함과 자랑스러움이 큽니다. 이 책이 치열한 경쟁 속에서 살아가고 있는 이 시대의 많은 젊은이에게 용기를 북돋고 비전을 제시하는 나침반의 역할을 해 주길 기대합니다.

정경두 (제46대 국방부장관)

저는 심 변호사를 철인 3종 경기 바다 훈련에서 처음 만났습니다. 숨이 막혀 입술이 파래지는데도 계속해서 물에 몸을 던지던 사람이었습니다. 누가 봐도 무모해 보였지만, 이상하게도 눈을 뗄 수 없게 만드는 힘이 있었습니다. 저는 그 힘의 정체를 이 책 속에서 발견할 수 있었습니다.

서울대에 합격할 때도, 변호사가 될 때도, 철인 3종 경기를 완주할 때도, 그는 멈추지 않았습니다. 숨이 막혀 오는 순간에도 끝끝내 완주해 내는 그를 보고 있으면 마치 '폭주 기관차' 같다는 생각이 듭니다. 방향을 잃지 않고 궤도를 지키며, 단단하고 묘한 집착으로 끝까지 밀어붙이는 힘. 목표한 바를 끝까지 해내는 이 힘에 경이로움마저 느낍니다.

끊임없이 도전하는 사람의 여정이 담긴 이 책을 통해 한계를 넘어 자신의 길을 만드는 힘을 얻을 수 있길 바랍니다. 그리고 그 힘이 앞으로 나아가는 이들 모두의 발걸음을 밀어 주기를 기대합니다.

진서연 (배우)

고등학교 담임교사 시절, 자기주도적으로 학업에 매진하며 총명함이 돋보이던 제자가 있었습니다. 그 제자가 어느덧 훌륭한 변호사가 되어 이렇게 책으로 만나게 되니 감회가 새롭습니다.

이 책 곳곳에는 변호사 시험 준비 과정의 절실함, 변호사로서의 각오와 진심이 담겨 있습니다. 숱한 방황을 이겨 내고 로스쿨에 진학하기까지의 치열한 노력은 독자들에게 귀감이 되어 줄 것입니다. 부디 이 책이 많은 사람에게 용기와 희망을 전해 주는 소중한 선물이 되기를 바랍니다.

고익부 (교사)

이 책은 단순한 자기실현의 성공담을 넘어, 치열한 도전과 성장의 진솔한 여정을 담아낸 감동적인 이야기입니다. 저자는 자신의 불완전한 과거와 실패의 순간들, 그리고 그 속에서 굳건히 일어선 의지를 숨김없이 드러내며, 꿈을 향한 뜨거운 열정과 성실함을 독자들에게 생생히 전합니다. 특히, 입시 실패로 무너진 마음을 극복하고 변호사라는 타이틀을 넘어 진정한 자신으로 거듭나기까지의 과정은 많은 이에게 용기와 희망을 줄 것입니다.

자신의 한계를 직면하고 도전하는 모든 사람에게 중요한 메시지를 전하는 이 안내서는 비단 후배들뿐만 아니라 우리 모두에게 진정한 성장이 무엇인지 다시 생각하게 만드는 소중한 선물이 될 것입니다. 이 책을 통해 삶의 방향을 재정립하고, 꿈을 향해 한 걸음 나아갈 용기를 얻을 수 있기를 기대합니다. 변호사이자 교육자로서, 그리고 한 인간으로서, 서울대 로스쿨 제자인 심규덕 변호사의 굳건한 신념과 노력에 깊은 존경과 응원을 보냅니다.

박종흔 (법무법인 신우 대표변호사)

심규덕 변호사는 누구보다 솔직하게 자신의 길을 걸어온 사람입니다. 이 책에는 그가 넘어지고 다시 일어선 순간들이 담백하게 담겨 있습니다. 사람 냄새 나는 그의 이야기는 친구의 진심 어린 조언을 듣는 듯한 따뜻함을 줍니다. 변호사가 되고 싶은 이들을 비롯한 모든 독자에게 용기와 삶의 희망을 건네는 책입니다.

이용환 (특허법인 디딤 대표변리사)

저자는 제가 변호사가 된 이후 추리논증 강사를 병행할 때 만난 첫 제자입니다. 그때부터 같은 법무법인에서 근무하는 지금까지 그의 여정을 지켜봐 오며 그 도전정신에 항상 깊은 감동을 받았습니다. 독자들도 저자의 도전과 성취에 큰 감동을 받을 것이라 확신합니다. 인생이라는 도전을 마주하고 계신 모든 분에게 이 책을 강력히 추천합니다.

정동주 (법무법인 심 변호사)

이 책은 저자가 변호사가 되기까지의 과정을 솔직하고 담담하게 기록하고 있습니다. 변호사를 준비하게 된 계기부터 현재의 모습에 이르기까지의 경험은 법조인을 꿈꾸는 후배들에게 많은 영감을 줄 것입니다. 또한, 실패와 좌절을 딛고 다시 일어서는 과정은 도전을 앞둔 이들에게 현실적인 위로를 전합니다. 변호사라는 직업을 넘어, 꿈을 향해 나아가는 모든 이에게 권하고 싶은 책입니다.

지성우 (미래에셋자산운용 회계사)

시작하며

"우리 아이언맨 변호사! 오늘도 시속 20km로 달리고 있습니다!"

아침을 여는 러닝 센터 새벽반에서, 러너들을 향한 코치님의 쩌렁쩌렁한 응원 소리가 울려 퍼진다. 나를 부르는 이 별명은 지난 봄, 호주에서 200km가 넘는 거리를 완주하며 얻게 된 타이틀 '아이언맨'과 '변호사'를 합친 것이다.

이름 앞에 '변호사'라는 수식어가 붙은 지도 벌써 4년. 하지만 여전히 직업으로 불리는 것이 어색하다. 변호사가 된 직후에는 나에게 많은 것을 가르쳐 준 대형 로펌 '율촌'에서 일했고, 지금은 내가 세운 작지만 따뜻한 로펌 '법무법인 심'에서 은사님들, 성준이 형, 그리고 준섭이와 함께하고 있다. 화요일 밤이면 고등학교 후배가 운영하는 위스키 바 '노스터'에서 변호사 바텐더로 일하고, 주말에는 메가로스쿨에서 변호사 강사로도 활동한다.

회사에서뿐 아니라 헬스장, 골프장, 학원, 바에서도 나는 '변호사'

로 불린다. 누가 뭐래도 내게 가장 자랑스러운 타이틀. 이 직업을 얻은 지는 고작 4년이지만, 변호사라 불리게 될 오늘을 꿈꿔 온 건 과연 언제부터였을까.

이제는 까마득하게마저 느껴지는 내 꿈의 시작점은 할아버지를 떠나보낸 2015년 봄이었다. '천붕(天崩)'이라는 극단적인 말이 왜 결코 과장이 아닌지를, 그날 나는 온몸으로 깨달았다.

어릴 적에는 할아버지와 함께 살았다. 시간이 흘러 떨어져 살게 되었지만, 성인이 되어서도 거의 매주 할아버지 댁에 들렀다. 할아버지는 종종 "변호사가 되어라", "장관이 되어라" 같은 말씀을 하셨다. 강요라기보다는, 눈에 넣어도 아프지 않을 손주가 근사하게 살아가는 모습을 보고 싶어 하시는 마음이었다. 학창 시절, 학업에 나태해져 슬럼프를 겪을 때면 한동안 할아버지 댁에 머물며 긍정적인 마음을 되찾기도 했다. 서울대학교에 합격했을 때, 누구보다 기뻐하며 여기저기 자랑하던 분도 할아버지셨다.

하지만 대학에 입학한 뒤로 나는 더 이상 열심히 살지 않았다. 그동안 참고 공부했던 세월에 대한 보상이라도 받으려는 듯 친구들과 어울려 놀고, 수업을 빠지고, 늦잠도 자며 시간을 보냈다. 자연히 학점은 곤두박질쳤고, 경각심을 갖고 다시 달려 볼 시도도 하지 않은 채 군에 입대했다.

군 생활은 또 다른 휴식이었다. 내일에 대한 걱정 없이, 또래 친구들과 정신없이 웃고 떠들며 하루하루를 보내다 보니 점점 더 나태해졌다. 휴가를 나가서도 그동안 만나지 못한 친구들과 회포를 풀다 보면 눈 깜짝할 사이에 일주일이 지나갔다. 아무런 고민이 없었다. '평생이 오늘만 같아라' 하는 마음으로, 정말 아무 걱정 없이 즐겁게만 살았던 것 같다.

그런 군 생활이 절반쯤 지났을 무렵, 할아버지께서는 나를 두고 먼 길을 떠나셨다. 평생 하루가 멀다 하고 찾아뵙던 할아버지와의 이별이 이렇게 갑작스럽고 허무하게 찾아올 줄은 몰랐다. 이제 나를 사랑해 주실 할아버지가 안 계시다는 사실보다, 평생 많은 것을 주신 할아버지께 힘써 번 돈으로 속옷 한 번 사 드리지 못한 것이 더 한탄스러웠다. 멋지게 살아가는 모습을 보여 드리는 것이 가장 큰 효도였을 텐데, 내가 조금만 더 부지런했다면 일찍 자리 잡은 손자의 모습을 보여 드려 마음이라도 편안하게 해 드릴 수 있었을 텐데, 방황하는 모습만 보여 드린 스스로가 싫었다.

그 후 적지 않은 시간을 추모하는 마음으로 살아온 것 같다. 부대 안에서 남몰래 차례를 지내고, 휴가 때마다 성묘를 갔지만 자괴감은 사라지지 않았다. 자대에서도 시도 때도 없이 눈물이 나, 결국 관심 병사가 되었다. 일과 후에는 침상에 누워 다음 날 아침까지 일어나지 못했다.

　곧 건강에도 이상이 생겼다. 아침 구보를 하던 중, 머리가 핑핑 돌다 그대로 쓰러지는 순간 정신이 번쩍 들었다. 슬픔에 빠져 아무것도 하지 않다 보면, 언젠가 부모님마저 같은 마음으로 떠나보내게 될 것 같아 겁이 덜컥 났다. 뭐라도 해야 했다. 뭐라도 해서 죄책감을 덜고 싶었다. 나만 생각하며 놀고먹었던 지난날을 후회하며 앞으로는 가족을 위해서라도 부지런히 살아야겠다고 마음먹었다. 그들을 위해 내가 할 수 있는 일을 찾아야 했다.

　'변호사가 되자.' 할아버지께서 생전에 바라셨던 대로 잘 살아가는 모습을 보여 드리는 것이 내가 드릴 수 있는 유일한 선물이라고 생각했다. '꿈'이라는 말도 나에게는 사치였고, 아들로서, 손자로서 마땅히 짊어져야 하는 책임으로까지 느껴졌다. 그러나 막상 다시 펜을 잡으려니 엄두가 나지 않았다.

　당시 나에게는 일종의 '고소공포증'이 있었다. 실제로 높은 곳이 무서운 것은 아니었다. 나를 짓눌렀던 건, 고등학교와 대학교 입시에 연이어 실패했던 기억이었다. 결코 짧지 않았던 입시 기간 동안, 어린 나이에 학창 시절의 추억을 포기하고 치열하게 살아온 몇 년의 시간이 시험 직전의 부담감과 당일의 컨디션 난조로 처참하게 무너져 무용지물이 되었던 경험. 그 기억은 스무 살 남짓의 약했던 내가 감당하기에는 너무 무겁고, 또 허망했다.

　그러나 그보다 더 쓰라렸던 건 주변의 시선이었다. 내가 입시에 실패했다는 소식은 그동안 내가 쌓아 올린 어떤 기특한 소식보다도 더 빠르게 퍼져나갔다. 나만 믿겠다던 어른들은 곧 "그럴 줄 알았다"며, 입시로 상처받은 나에게 한마디씩 덧붙였다. 줄곧 나에게 학업 상담을 하던 친구들은 겉으로는 위로하는 듯했지만 속으로는 슬며시 비웃었고, 나를 본받고 싶다던 후배들도 나를 반면교사로 삼았다. 사는 것이 그토록 부끄럽게 느껴진 순간은 없었다.

　놀라운 건, 그렇게 비난받았던 내 수능 성적이 우리 학교에서는 최고였다는 사실이다. 나는 그해 유일하게 정시로 서울대에 입학한 학생이었다. 그러나 그 누구에게도 합격과 입학을 축하받지 못한 채, 위로와 핀잔 속에서 대학 생활을 시작했다.

　내가 비난받은 이유는 못해서가 아니라 한때 잘했기 때문이라는 생각이 들었다. 다시는 아무것도 잘하고 싶지 않았다. 최선을 다해 사람들의 눈높이를 높여 놓고, 그 기대에 부응하지 못하면 견디기 힘든 비난 속에서 처절하게 무너져야만 했던 기억이 나만의 '고소공포증'으로 자리 잡았다.

　그래서 무언가에 다시 도전할 엄두가 나지 않았다. 실패했을 때의 기억이 너무 강렬하게 남아, 시작도 하기 전에 실패를 두려워하는 바보가 되어 있었다. 20대 초반을 아무것도 하지 않은 채 허송세월한 것은 도저히 이 '고소공포증'을 극복할 수 없었기 때문이다.

그러나 할아버지께 변호사가 된 모습을 선물하려면, 다시 책을 펴고 펜을 쥐어야 했다. 중·고등학교 때는 매일같이 하던 일이었지만, 트라우마가 깊어 의도적으로 회피하던 입시를 다시 치르려니 솔직히 겁이 났다. 더 강한 동기가 필요했다.

입시가 나의 트라우마였다면, 내 인생의 '치트키'는 가족이었다. 책과 담을 쌓은 지 5년이 다 되어 갔지만, '가나다라'부터 다시 시작해야 한다 해도 가족을 위해, 그리고 할아버지를 위해 용기를 내야 했다. 책과 다시 친해지기 전에 내가 처음 시작한 건, 아이러니하게도 글쓰기였다.

할아버지에 대한 기억을 담아, 그분을 주인공으로 한 자서전을 쓰게 됐다. 생각해 보니, 글자를 처음 배운 것도 할아버지 덕분이었다. 어릴 적 할아버지께서는 깍두기 노트에 한 자 한 자 또박또박 글씨 쓰는 법을 가르쳐 주셨다. 처음 '가나다라'를 배우던 그 마음으로, 1년에 걸쳐 할아버지의 자서전을 완성했다.

자서전을 쓰는 내내 이제는 뵐 수 없는 할아버지 생각에 눈물이 났지만 꾹 참고 한 편의 글을 완성해 세상에 내놓았고, 그 사실이 나에게 큰 용기를 주었다. 가장 사랑하던 분이 내 곁을 떠났다는 믿기 힘든 사실은 트라우마와도 같았지만, 할아버지의 손자로서 책임감 하나로 한 권의 책을 완성할 수 있는 나라면 입시로 인해 생긴 공포증도 극복하고 무엇이든 해낼 수 있겠다는 자신감이 생겼다. 먼 길을 가신 할아버지의 마지막 소원도 결국에는 이루어 낼 수 있을 것 같았다. 그렇게 다시 입시에 도전했고, 지금은 변호사로 살고 있다.

우리는 모두 기억 속에 살아간다. 어떤 기억은 떠올리기만 해도 웃음이 절로 나는 추억이지만, 어떤 기억은 아프게 남아 오래도록 우리를 괴롭힌다. 그러나 이루고자 하는 바를 성취하려면 좌절하는 시간을 멈추고, 실패의 경험을 발판 삼아 이전보다 신중하고 다부지게 나아가는 법을 배워야 한다. 그리고 그렇게 계속 앞으로 걸어가야 한다.

얼마 전, 내게 SNS로 "변호사가 되고 싶은데, 어디 이야기하기도 부끄럽고 내가 과연 할 수 있을까 하는 마음에 아무것도 못 하겠다"는 메시지를 보낸 분이 있었다. 일면식도 없는 분이었지만, 나는 하던 일을 잠시 멈추고 전화를 걸었다. 그리고 말했다.

"내 꿈을 스스로 부끄러워하면 아무도 도와줄 수 없어요. 당당하게 입 밖으로 내뱉고, 부끄럽지 않게 최선을 다해 꿈을 지키다 보면, 언젠가는 꿈이 나를 지켜 줄 거예요."

주제넘은 조언이었다. 하고 나니 조금 낯부끄러웠지만, '규덕이 많이 컸네' 하며 스스로를 칭찬했다. 그 후배는 결국 로스쿨에 입학했고, 우리 회사 입사가 확정된 뒤 지금은 법원에서 일하는 우수한 법조인이 되었다.

꿈을 향해 나아가는 사람이라면 누구나 실패가 두렵다. 그렇게 두려움을 느끼는 자신이 부끄럽기도 하다. 그러나 지금 꿈을 이룬 이들 또한 실패 앞에서 떨었던 순간이 있다. 실패가 전혀 무섭지 않다면 그것은 더 이상 꿈이 아닐 것이다.

이 책은 꿈을 품고 도전을 망설이는 많은 후배들, 그리고 그런 이들을 응원하고 지원하는 모든 사람에게 전하고자 쓴 여정의 기록이다. 나 또한 한때는 두려움에 떨며 꿈을 꾸었고, 지금도 두려움을 안은 채 미래를 향해 나아가고 있다. 그 사실을 가감 없이 전하며, 작은 용기나마 보태고 싶은 마음을 담았다.

1부

변호사를
꿈꾼다는 것

1장

---- ☆ ----

치열하고
찬란했던 입시

스승의 은혜

어린 시절을 돌아보면, 나는 선생님 복이 많은 아이였다. 내게 어울리는 꿈을 갖게 되기까지는 가족뿐 아니라 여러 선생님의 영향이 컸다. 초등학교 때는 바둑에 푹 빠져 방과 후 수업에서 이범대 선생님에게 바둑을 배우며, 바둑기사가 되고 싶다는 막연한 꿈을 꾸었다. 그러던 어느 날, 선생님이 "너는 기재가 전혀 없으니 이쪽 길은 쳐다도 보지 말라"고 하셨다. 당시 학교에서 바둑을 가장 잘 둔다고 생각했던 나에게 그 말은 큰 충격이었고, 서운함은 곧 꿈이 꺾인 듯한 상처로 남았다.

하지만 지금에 와서 생각해 보면, 그 길로 가지 않은 것이 오히려 다행이었다. 만약 당시 입에 발린 칭찬을 믿고 '제2의 이창호'를 꿈꾸며 학창 시절을 보냈다면, 십중팔구 입단의 문턱에서 좌절해 지금쯤 생활고에 시달리고 있었을지도 모른다. 아마 선생님은 나를 보며 자신의 삶을 돌아보고, 제자만큼은 더 편한 길을 걷기를 바라는 마음에서 그런 조언을 해 주셨던 것 같다.

중학교 시절에는 여러 과목 중에서도 수학을 가장 좋아했다. 성적은 그저 그랬지만, 내게 수학을 가르치셨던 배수석 선생님은 "너는 영재다", "뭐든지 할 수 있다", "너의 미래가 부럽다"며 늘 자신감을 북돋아 주셨다. 그 덕분에 수학에 대한 흥미를 오래 유지할 수 있었고, 실력 또한 점점 향상됐다.

수학에 흥미가 깊어지자 이공계 진학까지 고민하게 됐다. 그러나 그 시기에 나는 배 선생님으로부터 "미안하지만, 너는 이공계에서 성공할 정도의 수학적 머리는 없다. 나중에 부족한 재능을 원망하지 말고, 인문계에서 꿈을 펼쳐라"라는 회초리 같은 말을 들었다. 나보다 나를 더 잘 아는 선생님의 말씀을 믿고 인문계 진학을 선택했다.

선생님이 해 주셨던 여러 조언은 여전히 내 삶의 힘이다. 능력을 객관적으로 바라보며 미래를 설계하고, 자신감을 잃지 않고 무엇이든 도전하게 만드는 배포를 갖게 해 주었다.

작은 체구가 콤플렉스였던 까닭일까. 어린 시절부터 무술에 매달렸다. 부모님은 태권도, 쿵푸, 무에타이 등 다양한 무술을 배울 수 있도록 도와주셨다. 고등학교 시절에는 방학마다 무에타이 도장에 다니며 꾸준히 운동했다. 건강을 위해서라기보다는, 강해지고 싶다는 객기와 스파링의 긴장감을 즐겼던 것 같다.

그 시절 명일동의 전통 무술원에서 영준이 형을 만났다. 그는 지금도 종종 함께 스파링을 하는, 나의 영원한 사형(師兄)이다. 나중에서야 알게 된 사실이지만, 형은 어린 시절 소아마비를 앓았고, 놀림 받거나 맞는 것이 싫어 매일같이 운동하다 마침내 격투기 선수가 된 노력파 파이터였다. 지금도 나는 골프나 마라톤처럼 전혀 재능이 없는 일에 도전할 때면 늘 영준 사형을 떠올린다.

유년 시절의 나는 다소 딱딱한 성격이었고, 교우 관계도 원만하지 못했다. 체구가 작아 학교 폭력을 당했기에, 늘 약자가 되지 않겠다는 다짐을 품고 살았다. 처음에는 영준 사형처럼 운동으로 강해지려 했지만, 시간이 지나면서 사회에서 약자가 되지 않으려면 공부가 중요하다는 사실을 깨달았다. 부끄럽지만 내가 처음 학업에 전념하게 된 이유는, 더 이상 무시당하고 싶지 않다는 단순한 마음에서였다.

스스로 지킨 1등의 자리

고등학교 시절에는 과외와 독학을 병행하며 공부했다. 중학교 때 특목고 입시에 실패해 일반고에 진학한 경험은 고등학교 생활에 큰 영향을 미쳤다. 사실 고등학교 1학년 시절의 목표는 특목고 편입이었다. 하지만 부모님께 그 말을 차마 꺼내지 못해, 혼자 독서실을 오가며 책을 펼칠 수밖에 없었다.

당시 다니던 학교는 화장실만 가도 담배 연기로 앞이 보이지 않을 정도였고, 나는 그 환경을 벗어나 배울 점이 많은 친구들과 함께 공부하고 싶었다. 그런 생각 하나로 남들보다 훨씬 더 열심히, 때로는 지나쳐 보일 만큼 몰입해 공부했다. 그리고 그 결과, 1학년 2학기 무렵 모의고사에서 전교 1등을 차지했다. 성적이 급상승하자 교장 선생님이 따로 불러 칭찬해 주셨고, 학교에서 나를 대하는 분위기도 달라졌다. 무엇보다 1등의 성취감이 주는 짜릿함은 나를 공부에 온전히 몰두하게 했다.

돌이켜 보면, 특목고 입시에 실패했던 경험이 오히려 더 독하게 공부할 수 있는 동기가 되어 주었다. 혼자 독서실에 앉아 목표를 세우고, 남들보다 조금 더 치열하게 시간을 쪼개 쓰며 하루하루를 보냈던 기억이 아직도 선명하다. 이른 시기에 성적이 오르자 학교에서의 대우가 달라졌고, 그 변화는 새로운 자극이 되어 나를 더욱 공부에 전념하게 했다. 전학에 대한 미련도 자연스럽게 사라졌으며, 오히려 익숙해진 학교에서 1등을 지켜 내는 데 더 큰 의미를 두게 되었다. 공부에 온전히 몰입했던 그 시절, 사교육의 도움도 있었지만 결국 가장 큰 힘은 스스로의 의지와 노력에서 나왔다.

돌아보았을 때, 가장 도움이 되었던 것은 환경적인 제약 속에서 스스로 방법을 찾아 가며 공부했던 시간이었다. 사교육에 대한 접근성이 높은, 소위 '대치동 키즈'가 부럽지 않은 것은 아니었다. 시행착오를 줄이는 뛰어난 정보력, 학생들의 짐을 덜어 주는 탁월한 강사들도 그렇지만, 무엇보다 부러웠던 것은 놀고 싶은 걸 참아 가며 책상 앞에 앉아 있는 사람이 나뿐만은 아니라는 사실을 곳곳에서 느끼게 해 주어 외로움이 덜할 것이라는 점이었다. 그리고 사회에 나와서도 비슷한 일에 종사하는 친구들이 지금보다는 더 많았을 것이다.

그러나 나에게는 근거 없는 자신감이 있었다. 우물 안 개구리였지만, 스스로 내가 특별하다고 여기는 습관은 철옹성 같은 벽 앞에서도 자꾸만 도전하게 만들었다. 혼자서 시행착오를 겪어 가며 공부 방법을 찾던 경험은 어떤 문제를 마주해도 결국 해낼 수 있을 것 같은 자신감을 심어 주었다. 사교육을 적게 받아도 일방적으로 불리한 건 아니라고 믿었다. 어떤 것이 맞는지 아직 정답은 모르지만, 처한 환경의 장점을 긍정적으로 바라보며 내가 가진 강점을 극대화하면 뿌듯한 결과를 얻을 수 있다는 것만은 분명하다.

가르치며 터득한 공부법

나는 고등학교 때부터 수학 과외를 했다. 수업료는 커피나 아이스크림 정도였지만 나에게는 가장 쉽게 친구를 사귀는 방법이기도 했다.

어쩌다 그런 방법으로 가르치게 되었는지는 모르겠지만, 내 수업 방법은 다소 독특했다. 기억은 정확하지 않지만, 아마 내가 처음 수학을 배울 때 그렇게 배웠던 것 같다. 우선 새로운 단원에 들어가기 전에, 그 단원에서 가장 어려운 문제를 풀게 한다. 대부분은 긴 응용 문제였다. 한 시간이 걸리더라도, 소위 말하는 '노가다'를 해서라도 답을 내라고 한다. 물론 많은 친구들이 한 시간 후에 도저히 못 풀겠다며 다시 책을 가져왔다.

그때부터 본격적으로 수업이 시작된다. 한 시간이 지나도록 고민

해도 그 문제에 손도 대지 못한 이유가 지금까지 배운 수학 개념으로는 해결할 수 없는 문제였기 때문임을 알려 준다. 그리고 그때 필요한 도구가 바로 오늘 배울 수학 개념임을 소개한다. 필요한 개념과 간단한 예제를 소개한 뒤, 단원에 대한 설명을 마무리한다. 그런 다음, 오늘 배운 모든 개념을 활용해 처음에 풀게 한 가장 어려운 문제를 풀이한다. 나머지 문제는 학생들이 스스로 풀게 한 뒤, 질문을 받는다.

지금 생각해 보면 설명하는 순서만 바뀐 방법이지만 친구들은 내 수업 방식을 신기하게 생각하며 잘 따라 주었고, 결과도 꽤 좋았다. 지금도 누군가에게 수학을 가르치라면 비슷한 방법으로 가르칠 것 같다.

그 당시에는 내가 공부했던 방법을 그대로 전수했을 뿐이었지만, 최근 들어 왜 그런 방법이 효과가 있었는지 고민해 보게 되었다. 내가 내린 결론은 '동기(motivation)의 힘'이다. 수학의 어떤 단원을 왜 공부하느냐고 물어보면 '시험에 나오니까', '대학 가려고'라고 대답하는 학생들이 많다. 대학에서는 우수한 학생을 선발하려 하지만, 막상 학생들 중에는 왜 그런 개념이 중요한지, 왜 그런 문제를 출제하는지 깊이 생각하는 사람이 거의 없다.

보통 단원에서 가장 어려운 문제는 수학 개념이 실생활에 어떻게 적용되는지에 관한 것이다. 그리고 그 상황이 바로 교과 과정에서 그러한 수학 개념을 학생들에게 가르치는 이유이다. 이 점을 알면 공부를 할 때 왜 그 개념과 정리가 나오는지, 나중에 어떻게 문제로 출제될지 무의식적으로 떠올리며 이해할 수 있다. 그래서 다른 방법에 비해 학생들의 이해도와 흡수력이 높다.

수학뿐만 아니라 다른 과목들도 마찬가지다. 어느 과목에나 단원의 학습 목표가 있고, 그 목표를 유심히 읽어 머리에 새겨야 모든 내용이 막힘없이 머릿속에 들어온다. 세세한 내용은 당연히 암기와 숙달이 필요하지만, 우선 배움의 '동기'가 명확해야 시간이 지나도 머릿속에서 잊히지 않는다. 인생의 모든 도전에 통하는 이치이기도 하다.

루틴의 힘

고등학교 때는 올빼미였던지라 아침마다 늘 어머니와 한바탕 싸운 뒤 등교하곤 했다. 고작 여덟 시쯤 일어나는 것이 뭐가 그리 힘들었는지 매번 십 분 이상 어머니와 이불을 밀고 당기며 실랑이를 하다가, 결국 아버지의 불호령을 듣고 억지로 몸을 일으켜 샤워하고 교복을 입었다. 집을 나와 아버지 차에 간신히 몸을 싣고, 모자란 잠을 보충하려 십 분가량 눈을 붙이면 곧 학교 후문에 도착한다. 교문 앞 선생님들께 인사하고 교실로 들어가 책가방을 풀면, 나의 하루가 시작되었다.

모든 수업을 집중해서 듣지는 못했지만, 국어나 사회처럼 공부가 부족했던 과목의 수업은 선생님의 말씀 하나하나를 놓치지 않으려고 열심히 필기했다. 같은 과목이어도 수능에서 출제하는 내용과 학교 시험에서 물어보는 내용이 많이 달라서, 선생님이 강조하는 내용을 최대한 기록하려고 노력했다. 참고서는 많이 보지 않았고, 교과서와 필기 자료에 더 치중했다. 그것만으로 이해가 되지 않을 때에는 교무실 선생님 자리 책꽂이에 꽂혀 있는 출판사의 참고서를 위주로 사서 읽어 보기도 했다.

시험 직전에는 선생님께서 강조하셨던 개념을 책에서 지워 보이지 않게 한 뒤, 빈칸을 채워 가며 암기사항을 다시 한번 점검했다. 시험지를 받으면, 암기했던 낱말들이 최대한 잊히기 전에 주관식과 서술형 문제를 먼저 풀었고, 정확한 낱말이 생각나지 않는 문제는 이후 객관식 문제를 풀면서 답이 떠오를 때마다 채워 나갔다.

내 주된 공부 시간은 저녁 식사 후인 오후 7시부터 새벽 2시까지였다. 학교에서는 졸거나 딴청을 피우는 시간도 적지 않았지만, 하교 후 독서실에서 보내는 자습 시간만큼은 최대한 집중하려 했다. 그렇게 평일 내내 잠들기 직전까지 독서실에서 하루를 보내고 나면, 주말에는 늦잠을 자고 할아버지 댁에도 다녀오며 주간의 스트레스를 풀었다.

방학 때는 부족한 과목과 다음 학기에 새로 시작할 과목을 중심으로 공부했다. 나는 국어가 많이 부족했는데, 방학 때는 집에서 비교적 먼 학원에 다니거나 과외를 받기도 했다. 방학 동안 강사들의 커리큘럼을 2~3번 반복해 공부한 결과, 개학 후 치른 모의고사에서 괄목할 만한 성과를 거두었다.

또한 1학년 겨울방학 때는 사회 탐구 과목을, 2학년 겨울방학 때는 제2외국어 과목을 예습했다. 아직 학교에서 배우지 않은 과목을 선행해 공부하는 것이 재미있었고, 다른 친구들이 처음 배우는 과목을 미리 접한 덕분에 다음 학기 수업에 임할 때 습득이 빨랐다.

두 번의 겨울방학을 이렇게 보낸 뒤 치른 3월 모의고사에서는 언제나 가장 높은 점수를 받았다. 한 학기의 성실도를 평가하는 학교 시험과 달리, 모의고사는 자신의 현재 실력을 확인하는 자리였다. 3월 모의고사의 성적은 방학을 얼마나 알차게 보냈는지에 달려 있다고 생각했기 때문에, 학교 시험을 준비하듯 겨울방학의 마지막 순간까지도 열심히 공부했다.

학기 중에는 교과서와 선생님의 수업에 집중했지만, 방학 때 예습

한 내용이 헷갈릴 때면 학원 교재를 다시 펼쳐 이해도를 높이기 위해 노력했다. 돌이켜 보면, 방학에는 시험을 위한 기초 체력을 키우고, 학기 중에는 그동안 공부해 온 내용을 정리하며 성과를 내기 위해 힘썼다. 이러한 과정이 반복되면서 내 실력은 점점 더 탄탄해졌다.

후배들에게 전하고 싶은 말

고등학교 시절만큼은 누구보다 부지런히 공부에 전념했지만, 오직 공부에만 몰두한 것은 가끔 후회가 된다. 다시 돌아오지 않을 소중한 학창시절이었는데, 대학 입시에 대한 압박감 때문에 공부 이외의 다른 활동을 하면 큰일이 날 것만 같았다. 스트레스를 해소하고 즐거움을 주는 취미를 하나도 갖지 못했다는 사실이 지금까지도 아쉽다. 그때는 공부만이 전부라고 믿었고, 그 외의 것들은 모두 사치처럼 느껴졌다. 하지만 지금 돌아보면, 학창시절의 소소한 활동 하나하나가 인생 전체에 얼마나 큰 의미를 남기는지 말로 다 할 수 없다.

부모님과 충분히 대화하지 못했던 점 역시 오래도록 후회로 남는다. 당시 나는 공부에서 오는 스트레스를 모두 부모님 탓으로 돌렸고, 질문으로 대화를 시도할 때마다 공부에 방해된다며 짜증을 내곤

했다. 그 결과 학창시절 내내 외로움을 느꼈고, 중요한 결정을 할 때도 충분한 조언을 구하지 못했다. 서먹했던 관계를 회복하는 데는 무려 15년이라는 시간이 필요했다. 그 시간 동안 가족과의 대화가 얼마나 중요한지, 그리고 서로를 이해하는 데 얼마나 많은 노력이 필요한지 뼈저리게 깨달았다. 고등학교 때 일주일에 한 번이라도 식탁에 마주 앉아 식사하며 도란도란 이야기를 나누었다면, 내 소중한 10대 시절이 외롭고 처절하게만 기억되지는 않았을 것이다.

학생들에게 꼭 해 주고 싶은 말이 있다. 자신이 나중에 어떤 사람이 되고 싶은지, 어떤 삶을 살고 싶은지 깊이 고민해 보았으면 한다. 직업은 그런 삶을 살아가기 위한 수단이고, 학벌은 그 수단을 갖기 위한 또 다른 도구일 뿐이다. 미래의 내 모습이 명확하게 그려지지 않는다면, 공부를 하다 지칠 때 스스로를 이끌어 줄 동기가 사라져 큰 슬럼프에 빠질 수 있다.

만약 미래의 모습이 분명하게 그려지고, 그 꿈을 실현하기 위한 직업과 학교까지 목표로 설정했다면, 그때는 더 이상 망설이지 말고 학업에 집중해야 한다고 생각한다. 고민 없이 무작정 달리기만 하는 것도 문제지만, 반대로 꾸준한 노력 없이 미래에 대해 걱정만 하는 사람은 평생 고민만 하다 결국 떠밀리듯 선택을 하게 된다. 학창시절만큼 큰 추진력과 보상을 얻을 수 있는 시기는 인생에서 다시 오지 않는다.

2장

☆

평범하지 못했던
대학생활

서울대 입학과 입시 실패의 아이러니

서울대학교 입학이라는 결과를 얻었지만, 그곳까지 이르는 과정은 내게 실패의 기억으로 남아 있다. 남들 눈에는 분명 성공으로 보일지라도, 스스로가 아니라고 느끼는 순간 그 경험은 실패가 된다.

고등학교 시절에는 매달 모의고사를 치렀는데, 어느 순간부터는 한 번에 세 개 이상 틀린 적이 거의 없었다. 항상 한두 개, 정말 많았을 때가 다섯 개 정도였고, 그것이 당연하게 여겨졌다. '진짜로 만점 받는 거 아니야?', '혹시라도 한두 개 틀리면 어쩌지'? 같은 고민을 할 정도로 스스로에 대한 자신감이 있었다. 심심할 때면 '만약 수석을 하면 인터뷰에서 무슨 이야기를 해야 할까' 같은 상상까지 하곤 했다.

그런데 3학년이 다가오자 주변의 분위기가 달라졌다. 모든 어른과 선생님들은 '수능에서는 이제 정말 다 맞아야지', '이번에는 실수 없이 완벽해야지'라는 말을 반복했다. 사실 모의고사에서 한 번도 전 과목 만점을 받아 본 적은 없었지만, 모두가 완벽을 기대하니 점점 불안이 커졌다.

모든 학기와 방학을 알차게 보냈기 때문에 2학년 1학기쯤에는 이미 새로 공부할 것이 거의 남지 않았다. 새로운 문제도, 모르는 것도 없었다. 1년 반 동안은 무료하고 지루한 시간의 연속이었다. 그 시기, 가족들과도 갈등이 있었다. 대학 갈 준비는 다 끝냈으니 일주일에 한 번쯤 음악이나 운동 같은 취미를 가져 보고 싶다는 조심스러운 나의 말에, 부모님은 "이제 다 왔는데 왜 지금 와서 그런 걸 하냐"며 반대하셨다. 그때부터 마음이 조금씩 삐뚤어지기 시작했다.

그렇게 고등학교 3학년에 하지 말라는 일은 거의 다 해 봤다. 연애도 하고, 게임도 하고, 공부 외 활동에도 시간을 쏟았다. 그렇다고 성적이 크게 떨어지지는 않았지만, 수능 전날에는 불안과 긴장 내문에 밤새 잠을 이루지 못했다. 결국 3년 동안 틀린 문제의 개수만큼, 아니 그보다 더 많은 문제를 수능에서 틀렸다.

점수는 나쁘지 않았다. 서울대학교에 입학할 수 있을 만큼의 결과였지만, 내 마음과 주변의 반응은 달랐다. 기대가 워낙 컸던 탓에 나 자신도, 주변 사람들도 이 결과를 실패로 여겼다. 생각했던 만큼 잘하지 못했다는 자책감에 시달렸고, 선생님들 사이에서는 '너 이럴 줄 알았다'는 말도 오갔다. 주변 어른들과 후배들까지 모두 이 사실을 알게 되니, 고개를 들 수 없었다.

그때 비로소 깨달았다. 이렇게 힘든 이유는 수능에서 10문제를 틀렸기 때문이 아니라, 그동안 너무 잘해 왔기 때문이라는 사실을. 학교에서는 여전히 시험을 제일 잘 본 축에 속했지만, 오히려 그 때문에 더 많은 비난을 받았다. 그 순간부터 다시는 아무것도 열심히 하거나 잘하지 않겠다고 마음먹었다. 열심히 했더니 오히려 비난을 받는다는 생각이 들었고, 그때부터는 대충 살기로 결심했다.

이런 경험이 남긴 쓸쓸함은 오랫동안 내 안에 남아 있었다. 실패의 기준이 남이 아니라 내 마음속에서 결정된다는 사실을 깨달은 것은 20대를 절반 이상 보내고 난 후였다. 그 쓸쓸함의 원인을 늦게나마 깨달은 후에야 비로소 이후의 삶을 조금은 다르게 바라볼 수 있게 되었던 것일지도 모르겠다.

새로운 길로의 도전, 전과

대학교에 입학할 때 여러 갈림길이 있었다. 서울대학교 간호대학에 합격해 잠시 다녔지만, 가족들은 간호사가 되는 것이 나와는 맞지 않는 것 같다고 조심스럽게 이야기했다. 결국 4월이 되자마자 휴학을 결정했고, 재수 끝에 고려대학교 경영학과에 합격했다. 합격 후 서울대 간호대에 복학할지, 고려대 경영학과로 갈지 오랫동안 고민했지만 '아들, 손자가 고려대보다는 서울대에 다니는 것이 낫지 않겠냐'는 가족의 기대 속에 결국 서울대에 남기로 했다.

그렇게 한동안은 전공과 상관없이 그저 서울대생이라는 사실만으로 버텼다. 졸업 후 간호사가 되든 다른 일을 하든, 시간이 지나면 길이 생기겠지 하는 막연한 마음으로 대학 생활을 이어 갔다. 하지만 군대에 떠밀리듯 들어가고, 어떤 것도 제대로 보여 드리지 못한 채 할아버지를 보내고 나니, 인생에 대한 고민이 깊어졌다. 지금이라도 온 가족이 바라는 변호사가 되어야겠다는 결심이 들었고, 그때부터 진로를 다시 진지하게 돌아보게 되었다.

원래 있던 간호대에서는 학점을 잘 받을 자신이 없었다. 문과 성향이 강했기에, 이과적 개념이 많이 나오고 암기해야 할 내용이 많은 과목들에 큰 부담을 느꼈다. 만약 간호대를 졸업한 뒤 변호사가 된다해도, 그 길은 너무 낯설고 막막하게만 느껴졌다. 로스쿨에 진학해서 졸업한 후 간호학을 전공한 변호사로서 새로운 분야를 개척해 나갈 자신이 없었다. 결국, 경영학과로 전과하기로 마음을 굳혔다.

그렇게 전과를 결심했지만, 처음에는 부끄러움이 앞섰다. 같은 학과 친구들을 배신하는 것 같아 누구에게도 쉽게 털어놓지 못했다. 하지만 행정 절차상 지도교수님의 추천이 필요했고, 어떤 말을 꺼내야 할지 고민한 끝에 박현애 교수님을 찾아갔다. 다행히 당시 지도교수님이셨던 박현애 교수님께서는 나를 꼭 안아 주시며 "잘 생각했다"고 격려해 주셨다. 그동안 간호대에서 어려운 공부를 하느라 고생했다고, 전과하는 데 필요한 팁도 세심하게 알려 주셨다. 힘들면 언제든 편하게 놀러 오라는 따뜻한 말씀에 눈물이 쏟아졌다. 지금도 힘들 때면 교수님을 찾아가 위로를 받곤 한다.

돌이켜 보면, 전과는 두려움과 불안 속에서 내린 용기 있는 결정이었다. 익숙한 길을 벗어나 새로운 길을 선택하는 것은 언제나 쉽지 않다. 그러나 그 선택이 지금의 나를 만들었고, 앞으로의 삶에도 중요한 이정표가 되었다.

집념 어린 독기

서울대학교에서 전과를 준비하는 과정은 생각보다 훨씬 험난했다. 전과를 하려면 기존 학과에서 전출 허락을 받아야 하고, 새로운 학과에서 전입 허락도 받아야 한다. 둘 중 하나라도 실패하면 모든 노력이 물거품이 된다. 간호학과는 특히 전과를 꿈꾸는 학생들이 많아 학점 경쟁이 치열했다. 전출 인원이 매년 세 명 남짓으로 제한되어 있었고, 그 안에 드는 것은 결코 쉬운 일이 아니었다.

경영대 전입 과정은 또 다른 장벽이었다. 경영학과로 전과하려면 별도의 시험을 봐야 했지만 실제로 경영학 수업을 들어본 적이 없었기 때문에 경영학을 처음부터 독학해야 했고, CPA 인강을 들으며 회계 공부를 시작했다. 경영학과를 졸업한 선배에게 조언을 구하고, 공강이 있는 날에는 경영학 수업을 청강했다. 방학 때는 베인앤컴퍼니에 다니시던 강정우 선배님을 찾아뵙고 진로 설계와 경영학의 핵심에 대해 조언도 구했다. 그리고 경영학과 전입 시험을 본격적으로 준비할 때는 경영학과 강의계획서를 구해 참고서적을 모두 사서 혼자 공부했다. 그렇게 준비한 끝에 시험을 치르고, 어렵사리 전과에 성공할 수 있었다. 편입 시험과 달리 전과는 관련 학원이나 자료가 턱없이 부족했고, 모든 준비는 스스로의 몫이었다.

전과를 준비하며 느꼈던 스트레스는 고등학생 시절의 대입 스트레스와는 전혀 달랐다. 고등학교 때는 3년이라는 긴 시간 동안 목표를 향해 준비할 수 있었고, 때로는 지루함에서 오는 스트레스가 더 컸다. 하지만 전과를 준비할 때는 마치 절벽 끝에 서 있는 듯한 긴장감과 절박함이 매일을 지배했다. 공부할 자료를 만드는 것부터가 큰 고비였고, 전출과 전입의 모든 과정에서 단 한 번의 실수도 허락되지 않는 상황 속에 하루하루가 숨 가쁘게 흘러갔다. 스트레스를 풀 시간조차 없었고, 오직 전과만을 생각하며 버텼다.

이 절박함은 독기로 이어졌다. 잠을 줄이는 것은 기본이었다. 모든 강의에서 맨 앞자리에 앉아 수업을 녹음했고, 노트북으로 모든 내용을 기록했다. 함께 경영학과 전과를 준비할 만한 친구도, 스터디그룹도 없었다. 남들처럼 노트를 나누거나 분담할 수 없었기에 모든 것을 혼자 해내야 했다. 질문에 가산점이 주어지는 수업이 있다면 30분 일찍 강의실에 도착해 맨 앞, 가장 눈에 띄는 자리에 앉았다. 일부러 빨간색 옷을 입고 교수님의 시선을 끌기도 했다. 다른 학생들이 '저렇게까지 해야 하나'라는 시선을 보내도, 그때는 오직 학점에만 목을 맸기에 신경 쓸 겨를이 없었다.

조별 과제에서도 마찬가지였다. 군대에 가기 전에는 무임승차를 한 적도 있었지만, 전과를 준비하면서부터는 모든 과제를 스스로 도맡았다. 누군가가 적극적으로 참여하려 해도 의견이 다르면 오히려 일이 더 복잡해질까 봐, 차라리 내가 다 하겠다고 나섰다. 한 번의 실수도 용납되지 않는 상황에서 오로지 목표만 바라보고 달렸다. 힘든 과정이었지만, 결국 그 시간들이 지금의 나를 만들었다.

창업자 마인드로 살아가기

간호학과에서 배운 많은 지식들은 이제 거의 다 잊어버리고 말았지만, 그래도 아직까지 기억에 남는 내용들 중 가장 값진 것은 바로 '건강하게 사는 방법'이다. 해부학 시간에 내 몸 구석구석을 배우고, 병태학을 통해 몸에 병이 생기면 얼마나 고통스러운지 알게 되었다. 또한 식이요법과 건강한 생활 습관을 배우면서 심각한 질병 없이 건강하게 살아가는 방법을 익혔다. 지금도 웬만하면 건강한 식습관과 생활 습관을 유지하려 운동하고 식사 메뉴에도 신경을 쓴다.

그러다 보니 자연스레 '나는 몇 살까지 살까' 하는 생각을 하게 되었다. 물론 인생은 새옹지마지만, 큰 탈이 없으면 적어도 80세까지는 경제활동을 활발히 할 수 있겠다는 생각이 들었다. 고로, 80세까지 먹고살 계획을 세우고 젊었을 때부터 준비해야겠다는 생각도 하게 되었다. 변호사가 되든 다른 직업을 갖게 되든 30세 전후에 취업하게 될 테지만, 50년 동안 나에게 월급을 줄 회사는 없을 것이다. 있다 하더라도 임금피크제나 연금과 같은 복지 혜택을 받으며 남은 30~40년을 살고 싶지는 않았다.

결론은 내가 어떤 진로로 가든 언젠가 한 번은 창업을 하여 작게라도 사업을 할 수밖에 없겠다는 것이었다. 그런데 미리 준비하지 않고 막연히 사업을 벌였다가 퇴직금을 날렸다는 사람들의 이야기를 많이 듣게 되니, 경영에 대한 최소한의 소양은 갖추고 살아야 할 것 같았다.

경영학과에는 컨설팅기업 입사나 회계사를 꿈꾸는 학우들도 있고, 당장 창업을 준비하는 사람들도 많았다. 그렇지만 나는 나의 노후를 위해 공부한다는 마음으로 책을 읽었다. 그래서인지 당장 시험에 나오지 않는 비즈니스 일화나 다른 기업의 성공 사례에도 자연스레 눈이 갔다. 그리고 30년 후에 내가 어떤 카테고리의 사업을 하게 될지 모른다는 생각에 아무런 관련이 없는 F&B나 패션, 뷰티 산업에 관해서도 많은 공부를 했다.

그러다 보니 지금은 기업 고객들과 대화를 나눌 때도 할 말이 많다. 물론 업계 최전선에서 뛰고 있는 기업가들에 비하면 다소 식상하거나 일반적인 이야기를 할 수밖에 없지만, 기업가들이 나에게 법적인 조언을 구하는 이슈들의 이면에 어떤 고민들이 있는지 함께 이야기를 나누다 보면 금세 미주알고주알 수다를 떠는 친구가 되곤 한다.

일과 후에는 집에 있기를 좋아하고 술도 마실 줄 모르는 나에게는 그나마 든든한 영업 수단이 된 것이다.

경영학을 배우고 나니, 나라는 사람도 하나의 기업이라 생각하며 경영하듯 인생 계획을 짜는 습관이 생겼다. 새로운 일에 도전하거나 기존 계획이 틀어져 갈피를 못 잡을 때, 나는 습관적으로 SWOT 분석을 통해 내가 할 수 있는 것과 경계해야 할 점들을 생각한다. 그리고는 린 캔버스(Lean Canvas)를 그려 어떤 사람들에게 다가가서 어떤 점들을 셀링 포인트로 삼아 지속 가능한 경쟁 우위를 형성해 살아남을 수 있을지를 고민하고 실행에 옮긴다. 법무법인 심이 지난 2년 동안 시도했던 많은 시행착오는 이러한 분석에서 시작되었고, 최웅구 변호사님과 준섭이의 든든한 신뢰와 지원 속에서 과감하게 가설 설정과 검증 과정을 거치고 있다.

새로운 산업에 뛰어들 계획도 차근히 세워 나가고 있다. 평생 손수 제대로 된 요리 한번 만들어 본 적은 없지만, 최근 내가 경험한 법률 서비스는 전문적인 기술보다는 고객에게 경험을 파는 비즈니스라는 점에서 F&B 산업과 크게 다르지 않다는 결론에 이르렀다. 그래서 파트너 변호사들과 이색 카페 사업을 시작해 볼 계획이다.

로펌의 경영자로서 하는 시도들은 대부분 많은 리스크를 안고 있는 모험이자 도전이다. 이미 포화 상태인 시상에서 수순히 살아남으려면 수많은 모험 속에서 하루빨리 우위를 찾아가야 한다. 눈앞의 퍼포먼스에만 집중한 마케팅과 실적은 잘될 때는 오만함을, 안될 때는 좌절만을 가져다준다. 이에 비해 모험과 도전의 자세는 끊임없는 동기부여와 방향 전환을 통해 스스로 새로운 과제를 만들고, 실험과 분석을 거쳐 발전적인 하루하루를 만들어 간다.

지금과 같은 삶의 자세는 건강하게 살아야겠다는 간호학과에서의 교훈과 주도적으로 살아야겠다는 경영학과에서의 깨달음이 어우러진 결과라고 생각한다. 처음에는 막연한 노후 대책으로 배우기 시작한 경영학을 통해 세상을 바라보는 관점을 바꿀 수 있었다. 자칫하면 나태해져 평범하게 늙어 갈 뻔했던 나는 지금도 하루하루를 경영하며 살아가고 있다.

처절했던 경호팀 시절

내 군 생활은 조금 특별했다. 입대하기 전 제발 자대는 서울 안에 배정해 달라고 간절히 기도했던 기억이 있다. 지금 생각해 보면 비행단 단위로 운영되는 공군에 입대하면서 서울 안에서 근무하고 싶다는 것은 말도 안 되는 이야기였지만, 그냥 막연히 그렇게 바랐다. 가족들이 자주 면회 올 수 있고 휴가 나갈 때도 편하겠다는 생각과, 집에서 가까우면 조금이라도 안정감이 들 것 같은 마음에 했던 기도였다. 타고난 몸치였지만 열심히 뛰어도 보고, 중대장 훈련병이 되어 맨 앞에서 점호하며 훈련소에서 가점을 쌓아 가다 보니, 거짓말처럼 기도가 이루어져 서울 노량진에 있는 자대로 배정받게 되었다. 내 부서는 공군참모총장 경호원이었다.

일개 병사에게 주어지는 복지라고는 믿기지 않을 만큼 멋진 정장과 구두, 권총에 감탄하던 것도 잠깐, 곧 나의 기도를 후회했다. 경호팀 선임들은 대부분 운동선수 출신이었고, 매일같이 무술 훈련을 빙자한 폭력과 가혹 행위가 이루어졌다. 복싱 선수였던 내 후임은 허리가 끊어져 꿈을 접어야 했고, 나는 그런 후임을 지켜 주지 못한 죄책감 속에 군 생활의 절반을 보내야 했다.

처음에는 내가 처한 경호팀이라는 특수한 환경이 난생처음 겪는 서러운 시간들을 만들어 냈다고 생각했지만, 곧 그런 야생 같은 환경이 내가 앞으로 살아갈 사회의 축소판이라는 생각을 하게 되었다. 지금까지는 학교라는 울타리 속에서 학칙의 보호를 받았고, 주변에서 일어나는 일에는 언제나 부모님이 든든한 울타리가 되어 주었다. 하지만 부모님 곁을 떠나 학교 밖으로 나오니, 아무 노력 없이 기대할 만한 버팀목이 없었다.

정신을 가다듬고 500평 남짓한 작은 자대 안에서 살아갈 방법을 찾았다. 수능 공부를 하는 선임은 공부를 도와주고, 여자친구와 다툼이 잦은 선임은 대신 연애편지를 써 주며 간신히 등 비빌 작은 언덕들을 만들어 나갔다. 폭력이 심한 선임은 법의 심판을 받게 했다. 그런 나의 생존 방식을 못마땅해하는 사람도 있었지만, 각자 살아남는 방식은 다르다고 생각하며 나만의 사회를 만들어 갔다.

그렇게 2년 가까이 지내고 나니, 평생 함께할 진정한 전우들이 남았다. 수능 공부를 도와주었던 선임은 지금 경감이 되어 형사 사건을 맡을 때마다 든든한 조언을 해 주는 친구가 되었고, 허리를 다친 내 후임은 지금 우리 로펌에서 마케팅 팀장으로 일하고 있다.

항상 온실 속에서 살아왔던 내가 처음으로 낯설고 무서운 환경을 마주했고, 그 안에서 나만의 사회를 만들었다. 고생 속에 무사히 지나간 2년은 누군가에게는 당연할 수도 있지만, 겁쟁이였던 나에게는 앞으로 어떤 일도 해낼 수 있다는 자신감을 준 시간이 되었다. 돌이켜 보면 변호사가 된 과정이나 로펌을 차리겠다는 결정을 하는 과정에서도 경호팀 시절이 큰 용기를 주었던 것 같다.

3장

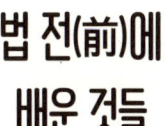

법 전(前)에
배운 것들

불안하던 밤의 따뜻한 인연

정동주 변호사님은 법무법인 심에서 나와 함께 일하는 우리 회사의 핵심 변호사다. 변호사님을 만난 것은 전과 후, 로스쿨에 입학하겠다고 마음먹었을 때였다. 군대에서 갓 제대했을 때, 내 주변에는 로스쿨 입시에 대해 조언해 줄 만한 선배나 친구가 전혀 없었다. 처음 학원을 찾아 수업을 듣기 시작했을 때만 해도 막막한 마음이었다. 그래서 내가 과연 로스쿨에 입학할 수 있는 사람인지에 대해 진솔한 조언을 듣고 싶어, 수강생이 대여섯 명 남짓으로 적었던 신규 강사의 수업을 골랐다.

리트 시험이 시작된 지 10년밖에 되지 않아 로스쿨 입시 강사 중 변호사가 거의 없던 시절, 정 변호사님은 몇 안 되는 '진짜 변호사' 출신 강사였다. 궁금한 부분이 생길 때마다 직접 물어볼 수 있는 현직 변호사를 선생님으로 둔다는 것은 든든한 일이었다. 그렇게 9월부터 수업을 듣기 시작했고, 리트 시험은 다음 해 7월에 예정되어 있었다.

당시 학점이 좋지 않아 학기 중에는 학원 강의 수강을 멈추고 학교 시험에 집중하던 시간도 있었지만, 그럴 때마다 정 변호사님은 꾸준히 연락해 체크를 도와주었고, 본인 수업을 카메라로 촬영해 보내 주기도 했다. 그 덕분에 '이 사람과 함께라면 후회 없이 로스쿨 입시를 준비할 수 있겠다'는 확신이 들었다. 이후 1월부터 6월까지는 정 변호사님의 강의를 꾸준히 들으며 면접 준비나 자기소개서 작성이 필요할 때도 변호사님이 소개해 주신 분들만 찾아가 도움을 받았다. 덕분에 서울대학교 로스쿨에 무리 없이 입학할 수 있었다.

로스쿨 입학을 준비하면서는 학교 일과가 끝난 후에 학원 수업을 들었기 때문에, 강의가 끝나면 보통 밤 10시가 넘었나. 집에 노작하는 시간은 자정에 가까웠지만, 그럼에도 종종 그 시간에 변호사님과 한두 시간씩 전화로 이야기를 나누곤 했다. 오랜만에 치르는 입시로 불안해하는 나에게 변호사님은 "굳이 내 수업을 듣지 않아도 될 만큼 잘하는 학생"이라고 말씀해 주셨다. "오히려 네가 나를 선택해 준 게 고맙고, 변호사가 되면 나보다 훨씬 잘할 수 있을 거다"라는 격려도 아끼지 않으셨다. 살면서 처음 만난 변호사에게 그런 말을 들으니 큰 힘이 되었다.

　그때 변호사님은 단순한 학원 강사가 아니라, 입시 전반에 대한 고민을 함께 나눌 수 있는 조언자였다. 로스쿨에 진학한 뒤에도 심리적으로 힘든 시기가 많았는데, 정 변호사님은 그럴 때마다 직접 집에 찾아와 이야기를 들어주고 조언을 건네 주었다. 이후 강사 생활을 정리하는 정 변호사님을 자연스럽게 우리 법인의 변호사로 모실 수 있게 되었고, 덕분에 이제는 은사님과 같은 회사에서 함께 일하고 있다. 진심으로 응원해 주는 어른이 곁에 있다는 사실은 흔들리는 시기에 큰 위로가 된다.

창업의 경험

경영학과 졸업을 앞둔 마지막 학기에 경영학과에서 '창업론실습'이라는 수업을 듣게 되었다. 당시 벤처경영학과를 연합전공하고 있던 나에게 필수적인 졸업 요건이라 듣게 된 이 수업은 5~6명씩 조를 짜 한 가지 아이템에 관해 창업하여 한 학기 동안 운영하는 내용이었다.

당시 우리 조가 기획한 사업은 유튜브 채널이었다. '스튜디오 샤'라는 유튜브 채널을 만들어 고등학생들을 대상으로 서울대학교에 관해 궁금할 만한 사항을 정리하여 인터뷰 형태로 제작하는 사업이었다. 당시 유튜브 채널이나 MCN(Multi Channel Network)에 관한 성공 사례가 흔치 않았던 터라, 나는 이것이 과연 창업 과제로 적절한 아이템인지에 대해 회의적이었지만, 매주 새롭게 올리는 콘텐츠는 최소 수십만, 많게는 수백만 조회 수를 기록하며 채널을 꾸준히 성장시켰다. 덕분에 스튜디오 샤는 지금도 활발히 운영되고 있는 유튜브 채널이며, 벤처경영학과에서도 사업화로 이어진 몇 안 되는 과제 사례로 회자되고 있다.

운영 과정에서 쉽지 않은 일들도 많았다. 매주 새로운 콘텐츠를 만들려면 매일같이 회의를 해야 했고, 촬영과 편집을 하다 보면 밤을

새우기 일쑤였다. 채널이 성장하는 만큼 방향성이나 경영권에 관한 크고 작은 다툼도 있었다. 당시 나는 로스쿨에 합격한 상태여서 팀을 떠날 예정이었기 때문에 그런 다툼에 휘말릴 일은 없었지만, 함께 일 하던 친구들이 서로 오해하는 모습을 지켜볼 때면 마음이 아팠다.

지금도 누군가와 사업 이야기를 할 때면 스튜디오 샤를 하던 시절 이 많이 떠오른다. 잘 알고 친한 사람과 함께 일을 시작해 같이 고민 하고 하루 종일 붙어 있는 것은 양날의 칼이다. 처음 보는 낯선 사람 과 함께하는 것보다는 편안하고 즐거운 일일 수 있지만, 자칫하면 평 생 함께할 것만 같았던 사람을 다시는 보지 않게 될 수도 있는 위험 을 안고 있다. 그런 결말을 맞지 않으려면 서로 양보하고 상대방의 입장에서 생각해 보며, 내가 원하는 것과 상대방이 원하는 것을 꾸준 히 공유해 오해를 줄여야 한다.

법무법인 심을 처음 만들 때도 가장 큰 걱정은 함께하는 사람과의 관계였다. 나보다 한 학년 선배인 준섭이는 로스쿨 3년 동안 어느 때 보다 힘든 시기를 함께한 든든한 조언자였고, 변호사가 된 후에도 서 로 고민을 공유하며 위로하는 둘도 없는 친구였다. 그런 준섭이와 막 연한 패기로 함께 사업을 시작했다가 오해가 쌓여 관계가 깨진다면, 그 자체로 나에게는 실패와 다름없었다. 로펌이 제법 자리를 잡아가 는 지금도 좋은 관계를 유지하는 법에 대한 고민은 여전하다.

함께 일하는 사람과의 관계를 잘 유지하려면 더 많이 양보해야 하고, 더 많이 양보하려면 우선 많은 것들을 성취해야 한다. 또한, 함께 하기로 결정한 이유를 끊임없이 되새겨야 한다. 어떻게 들릴지는 모르겠지만, 내가 준섭이에게 처음 동업을 제안한 이유는 '법무법인 심'이라는 배를 타고 하는 수십 년짜리 항해에서 외로운 선장이 되고 싶지 않아서였다. 꿈꾸던 신대륙에 도달했을 때 혼자이기보다는 신대륙에서 발견한 것들을 함께 누리고 지난날들을 추억하며 뿌듯해할 친구가 있었으면 했고, 그 친구가 바로 준섭이었다.

누군가와 힘을 합쳐 함께 일하기로 했다면, 각자의 생각을 솔직하게 공유하고 처음의 마음을 잊지 말아야 한다. 사업적인 성과에 크게 도움이 될 만한 교훈인지는 모르겠지만, 사람과 미덕을 잃지 않으려면 처음 시작할 때의 순수한 마음을 끊임없이 되새기며 비즈니스적인 관계를 최대한 지양해야 한다.

팀플, 사회생활의 축소판

'팀플'이라는 과제 방식을 처음 만난 것은 경영학과에 들어온 이후였다. 물론 고등학교 때에도, 간호학과에서도 형식적인 조별 과제는 있었지만 대부분 과제물의 퀄리티는 한 사람의 희생만으로도 충분히 높일 수 있었고, 그래서 개인 과제와 크게 다르지 않다고 생각했다. 하지만 경영학과에서의 팀플은 달랐다. 처음 팀을 구성할 때는 앞에 나와 자신이 무엇을 할 수 있고, 어떤 사람들과 어울릴 때 시너지가 나는지를 소개하여 뜻이 맞는 사람들끼리 팀을 만들었다. 그리고 그 안에서 끊임없는 브레인스토밍을 거쳐 과제의 방향을 정하고 역할을 분담했다.

그 과정에서 불성실하거나 무임승차를 하는 사람도 있지만, 그렇다고 해서 교수님께 불평하는 것은 바보 같은 짓이다. 사람마다 수업에 임하는 목적이 다르기 때문에, 팀플의 성과가 절실하지 않은 사람에게 성실함을 기대할 수는 없는 노릇이다. 그런 사람들도 적극적으로 참여할 수 있는 유인책을 마련해 모두가 활발하게 참여하며 과제를 해 나가게 하는 것도 팀의 역량일 것이다.

팀플 과정에서는 팀원들끼리 오해도 생기고 다툼도 일어난다. 그러다 보면 학생들 사이에 평판이 형성되고, 이러한 평판은 다음 학기

뿐만 아니라 사회생활에도 영향을 미친다. 처음에는 그런 과정이 가혹하게만 느껴졌지만, 돌이켜 보면 그것이 내가 평생 겪으며 살아가야 할 사회의 모습이었다.

팀플의 평가 과정 또한 결코 만만하지 않다. 각 팀이 한 학기 동안 만들어 낸 성과물을 발표하면 교수님과 다른 학우들이 평가를 하고, 그 평가를 바탕으로 한 학기의 학점이 매겨진다. 시험 문제처럼 정답이 있는 것이 아니라 사람이 직접 평가하는 과정이기 때문에 다소 주관적이고 때로는 편파적이기도 하다. 그래서 한 학기가 끝나 학점이 공개되면 교수님께 질문을 빙자해 학점에 대한 불만을 표하는 학생들의 메일이 빗발친다. 그렇지만 아무리 장황하게 메일을 써도 학점이 바뀌는 경우는 매우 드물다.

팀플을 2년 정도 하고 나니, 입시나 시험은 정말 정직하고 공정한 제도이며, 성과를 내기 가장 쉬운 방법이라는 것을 알게 되었다. 사회에서 성공하려면 나를 잘 팔아 함께할 사람들을 모집해야 하고, 그 사람들과 오해 없이 소통하여 성과를 내야 하며, 그러한 성과를 다시 시장에 그럴싸하게 내놓아 사람들 각자가 가진 취향과 가치관에 맞도록 만들어야 한다. 그런 과정을 불공정하다고 아무리 불평해 봐야 남들에게는 그저 결과에 승복하지 못하는 소음에 불과할 뿐이다.

경영학과에서의 팀플 과정은 경영학을 공부하는 내내 큰 스트레스였지만, 모든 학업을 마치고 사회에 나올 때에 대비해 큰 각오를 다질 수 있게 해 주었다. 회사 일도 사업도 결코 공정하지만은 않다. 때로는 편파적이고 주관적인 사람들의 취향에 맞춰 나를 팔아야 하며, 그러한 과정에서 실패해 버려질 때 억울해할 필요도 없다. 이런 생각을 일찍이 갖추게 된 덕분에 원하는 결과를 얻지 못해도 담대하게 다음을 준비할 수 있게 되었다. 예전 같으면 정답이 있는 시험에만 익숙해 어려움 앞에서 좌절했을 수도 있겠지만, 이제는 그런 일들이 나를 흔들지 못한다.

경영학은 실용적인 학문이라고들 한다. '실용적'이라는 말은 '실제로 쓰기에 알맞은 것'을 뜻한다. 다양한 변수들이 판치는 세상을 살아가면서 가장 실용적이었던 것은 예측할 수 없는 갖가지 이유들로 학점이 정해지던 팀플 방식에 대한 경험이다. 막막하고 답답했던 수많은 시간이 나를 어른으로 만들었다.

법무법인 심의 경쟁력, CSV

'사회적 기업의 창업'이라는 수업에서 처음으로 CSV(Creating Social Value)라는 개념을 배웠다. 비슷한 개념으로 기업의 사회적 책임을 뜻하는 CSR(Corporate Social Responsibility)이 있는데, 두 개념은 실제로 비슷한 모습으로 나타나기도 하지만 그 뜻과 역할은 전혀 다르다.

기업은 이윤을 추구하기 위해 만들어진 조직이므로 이기적인 면이 있는 것이 당연하다. 하지만 그런 기업의 모습에 반감을 느끼는 사회적 분위기 속에서, 기업은 기부와 봉사활동 등을 통해 사회적 책임을 다해 나간다. 이것이 CSR이다. 기업이 한껏 이윤을 축적한 뒤 그 일부를 기업 이미지를 위해 나누는 것으로 보아 부정적인 목소리가 있기도 하지만, 그럼에도 불구하고 사회의 한 구성원으로서 책임을 다하려는 모습은 충분히 박수받아 마땅하다.

그와 달리 CSV는 기업이 이윤을 추구하는 과정에서 나오는 경영 전략의 한 형태이다. CSV의 가장 대표적인 예는 미국의 신발 브랜드, '탐스 슈즈(TOMS Shoes)'다. 창업자인 마이코스키가 남미를 여행하며 맨발로 지내는 어린이들의 모습을 보고 문제의식을 느껴 만든 이 브랜드는 'Buy one, give one'이라는 슬로건으로 우리에게 익숙하다. 신발 한 켤레를 구매하면 남미의 어린이들에게 신발 한 켤레가 기부

되는 캠페인으로, 많은 소비자가 '착한 소비'를 위해 탐스 슈즈의 제품을 구매하고, 자신의 착한 소비를 알리기 위해 신발 사진을 SNS에 올려 자발적인 바이럴 마케팅을 한다. 즉, 탐스 슈즈가 신발을 기부하는 것은 이윤을 나누는 행위라기보다, 이윤을 벌어들이는 과정에서 사회적 가치를 창출하는 활동인 것이다.

나는 로펌도 사회적 가치를 만들어 낼 수 있다고 굳게 믿는다. 드라마나 영화에서는 이성만을 앞세우는 냉혈한이나, 못 가진 사람들을 위해 물불 가리지 않고 덤벼드는 열혈 변호사의 이미지가 주로 그려진다. 나도 한때는 변호사에 대한 선입견이 있었지만, 로펌에서 일한 2년과 직접 로펌을 운영한 지난 2년을 돌아보면 결국 변호사는 자신에게 값을 지불한 고객을 위해 일할 수밖에 없는 운명이다. 프로보노(pro bono, 무료 법률 봉사 활동)나 CSR은 일단 로펌의 현실적인 문제들을 모두 극복한 후에야 할 수 있는 자아실현 차원의 일들이다.

그래서 내가 고안한 것이 '성공보수의 사회화'였다. 흔히 화장실은 들어갈 때와 나올 때가 다르다고들 하는데, 고객에게 성공보수를 청구할 때 이 점을 절실히 느낀다. 분명 처음에는 문제만 해결되면 기쁜 마음으로 성공보수를 주겠다고 약속한 고객이, 막상 문제가 해결되고 나면 약속된 보수를 지급하는 데 인색해지곤 한다. 나를 믿고 일을 맡겼던 고객과 보수를 두고 실랑이를 할 때면 내가 하는 일에 대해 깊은 회의감이 들기도 한다. 그래서 나는 성공보수를 내가 아닌 사회에 내는 방식으로 계약서를 수정했다.

내가 지금 맡고 있는 사건의 절반 정도는 이혼 사건이다. 독특한 배경을 가진 덕분에 많은 사람이 나에게 사건을 맡기고, 몇 달 후에는 새로운 삶을 살아간다. 그리고 대부분은 예전보다 더 행복해하며 나에게 고마워하기도 한다.

하지만 항상 눈에 밟히는 것이 있다. 바로 의뢰인의 자녀들이다. 이혼 가정의 자녀들은 갑자기 부모 중 한 명을 일상에서 잃고 평생 그리워하며 살아야 한다. 미취학 아동들은 엄마나 아빠가 보고 싶다며 떼를 쓰기도 하지만, 7세만 넘어도 부모가 참고 지내 온 시간을 알기에 떼도 쓰지 못하고 상처를 숨긴다. 나는 변호사로서 부모에게는 새로운 삶을 열어 주었지만, 그 뒤에는 상처받는 아이들이 존재한다는 현실을 뒤늦게 깨달았다.

그래서 나에게 주는 성공보수를 아까워하는 고객들에게, 그 금액만큼을 한부모 가정의 자녀들을 위해서 기쁜 마음으로 기부하도록 했다. 이전에는 책정 비율을 놓고 실랑이하던 성공보수 항목을 '승소 시 갑이 원하는 만큼의 금액을 한부모 가정을 위해 기부한다'로 바꾸었다. 내 주머니에 들어오는 돈은 아니지만, 이전과 달리 반발 없이 고객들이 기쁜 마음으로 성공보수를 지불하고 있고, 나도 죄책감을 조금이나마 덜 수 있었다.

성공보수에 관한 항목을 수정한 후 이혼 사건의 수임이 눈에 띄게 늘었고, 덕분에 법무법인 심은 한부모가정사랑회라는 공익 재단에 조금이나마 힘을 보탤 수 있게 되었다. 이로 인해 재단에서 기업인상을 받기도 하였다. 로펌과는 전혀 다른 산업에서 배운 'Buy one, give one'이라는 CSV가 지금은 우리 로펌의 핵심 경쟁력이 되었고, 나도 나의 직업에 다시 자부심을 가지고 일할 수 있게 되었다.

2부

변호사가
된다는 것

4장

☆

가장 완벽했던 루틴,
로스쿨 입시

루틴 속에 쌓은 실력

　로스쿨 입시를 처음 준비할 때, 내게는 내세울 만한 강점이 하나도 없었다. 하지만 오히려 그 점 덕분에 마음이 편안했다. 1등부터 100 등까지 있다면 지금 내 위치는 100등이니, 할 수 있는 한 최선을 다해 올려 보고, 그 끝에서 정해지는 학교에 가면 된다고 생각했다. 만약 안 된다면 이 길이 내 길이 아니라는 뜻이겠지, 그런 마음이었다.

가장 큰 문제는 낮은 학점이었다. 그런데 군대를 다녀오고 나니 학교의 상대평가가 이전보다 훨씬 엄격해져 학점 경쟁이 치열했다. 나는 학점을 보완하기 위해 연합전공을 신청해야 했고, 이때 유일하게 절대평가가 남아 있던 것이 벤처경영학 연합전공이었다. 대부분 창업 실습이나 투자 유치 등 실무에서 하는 일들을 직접 해 봐야 하는 수업들이라 결코 만만치는 않았다. 네 학기 동안 창업을 실제로 경험하며 밀키트 사업도 해 보고, 유튜브 채널도 만들어 10만 명이 넘는 구독자도 모아 봤다. 내가 참여하고 있지는 않지만, 학창시절에 창업했던 회사 중 일부는 아직도 남아 있다. 지금 내가 살아가는 데 가장 큰 영향을 준 수업들이지만, 아이러니하게도 이 모든 경험의 시작은 오로지 로스쿨 입시를 위한 것이었다. 학점을 올리기 위해, 그리고 내 약점을 보완하기 위해 선택한 길이었다.

리트 시험도 결국 시험이기 때문에 학원 공부와 스터디를 최대한 많이 해야 한다고 생각했다. 월요일부터 목요일까지는 오전에 학원, 오후에 학교 수업을 들었고, 수업이 끝난 저녁에는 다시 학원에서 수업을 듣는 식으로 시간을 쪼개 썼다. 주말에는 학교 내 커뮤니티를 통해 스터디원을 모아 함께 리트 문제를 풀었다. 절대적인 공부량이 많았던 시기였다. 그렇게 공부하다 보니 실력은 점점 올라갔지만, 시험이 한두 달 앞으로 다가오자 두려움이 밀려왔다. 큰 시험에서 크게 실패했던 기억에서 오는 트라우마가 아직 완전히 극복되지 않았기 때문이다.

그때 느꼈던 불안은 마치 공포와도 같았다. 시험 당일 컨디션과 멘탈이 많은 것을 좌우한다는 사실을 이미 알고 있었다. 수능 전날 잠을 이루지 못했던 경험이 떠올라 이번에는 같은 실수를 반복하지 않으려 했다. 시험 6개월 전부터 정신과에 가서 수면제를 처방받아 매주 조금씩 복용하며, 어느 정도가 내게 맞는지 테스트했다. 시험 당일 컨디션을 완벽하게 관리하기 위해 시험이 치러지는 8월에 입을 옷도 미리 준비했다. 똑같은 옷을 여러 벌 사서 매일 아침 고민하지 않고 그 옷만 입었다.

식사도 마찬가지였다. 부모님께 도시락을 부탁드릴 수도 있었겠지만, 로스쿨 입시를 준비한다는 사실을 알리면 뒤따라올 기대와 실망, 그리고 그에 따른 부담이 싫어 그만두었다. 그래서 혼자 아침을 챙겨 먹을 방법을 고민했다. 처음에는 햇반만 먹었는데, 전해질 불균형 탓에 문제를 풀 때 손이 떨렸다. 그래서 햇반과 참치캔 한 통을 조합해 먹는 것이 나만의 루틴이 되었다. 카페인도 끊었다. 괜히 위장에 문제가 생기면 안 될 것 같아서였다. 두세 달 동안 아침마다 햇반과 참치를 먹고 학교에 갔고, 리트 시험은 오전에 끝나니 점심 이후에는 먹고 싶은 것을 마음껏 먹었다.

오전에는 실제 시험과 똑같은 루틴으로 공부하고, 오후에는 오전에 함께 공부했던 친구들이 집에 간 뒤 혼자 남아 새로운 문제들을 한 세트 더 풀었다. 저녁을 먹고 집에 돌아와서는 리트 두 과목 중 한 과목을 더 복습했다. 남들보다 2.5배는 더 공부한 셈이었다. 같은 시험을 준비하는데 다른 수험생들은 왜 나처럼 하지 않을까 궁금할 때도 있었지만, 사람마다 방법은 모두 다를 테니 나의 방법을 믿고 계속 문제를 풀어 나갔다.

그렇게 해서 시험 직전에는 기출문제 중 모르는 문제가 거의 없을 정도가 되었고, 수능 때와 달랐던 점은 컨디션 관리까지 완벽하게 준비했다는 점이었다. 수능 때는 지식만 많았지 멘탈과 컨디션 관리에는 무지했다. 이번에는 시험 전날에도 별다른 걱정 없이 평소처럼 루틴을 지키고, 평소보다 조금 일찍 수면제를 먹고 잠들었다. 그리고 다음 날 아침, 시험장에 무사히 도착해 시험을 치를 수 있었다. 그 어느 때보다 힘이 넘치고 머리도 잘 돌아갔다. 로스쿨 입시를 준비하는 과정은 단순히 공부만이 아니라 내 멘탈과 일상, 생활 습관까지 모두 시험에 맞춰 조율해 가는 시간이기도 했다.

감동적인 준비 과정

리트 시험을 치르기 일주일쯤 전, 사용할 만한 신분증이 없다는 것을 알게 되었다. 그때까지는 계속 공부만 하다 보니 학생증이면 충분했고, 다른 신분증이 필요할 일이 거의 없었다. 시험을 앞두고 신분증이 필요했지만, 동사무소를 방문해 새로 발급받는 과정마저도 번거롭게 느껴졌다. 그래서 어머니께 전화를 걸어 여권이 있는지 찾아봐 달라고 부탁했다. 어머니는 또 어디 여행 가려고 하냐고 물으셨다. 괜히 자세히 설명하면 대화가 길어질 것 같아, 그냥 필요해서 그렇다고만 대답했다. 그렇게 여권을 받아 시험장에 들어갔고, 어머니는 내가 무슨 시험을 치르는지 전혀 모르셨다.

시험을 다 보고 나오며 택시를 타고 집으로 돌아가던 길, 어머니께 전화를 걸었다. 전화를 걸기 전부터 이미 눈에 눈물이 고여 있었다. 시험이 끝나고 나오면서부터 감정이 북받쳤다. 단순히 시험이 끝나서가 아니었다. 지난 1년을 정말 완벽하게 살아 냈다는 생각과, 그 시간 동안 쏟아부은 노력이 떠올라 스스로가 기특했고, 한편으로는 가족 중 누구에게도 말하지 못한 채 그 시간을 보냈던 자신이 애처롭게 느껴졌다. 혹시 이번 시험에서 반타작을 하더라도 미련이 남지 않을 만큼 모든 것을 쏟아부었다는 마음이 들었다.

어머니는 전화를 받자마자 "이 시간에 웬일이냐"고 물으셨다. 나는 "나 지금 로스쿨 시험 보고 왔어"라고 말했다. "시험 잘 봤어?"라는 물음에 나는 "그건 잘 모르겠는데, 이번에는 좀 스스로에게 감동한 시험이었어"라고 답했다. 평소에 그런 말을 잘 하지 않으니 어머니께서는 "그게 무슨 소리냐"고 되물으셨다. 후회가 없다는 말이 자연스럽게 나왔다.

채점 결과가 어떻게 나오든 그날의 감정은 오래 남았다. 리트 점수도 올랐지만, 더 중요한 것은 지난 1년 동안의 모든 과정이 결국 나를 한 단계 성장시켰다는 사실이었다. 시험 결과와 상관없이 이번만큼은 내 자신에게 떳떳할 수 있었다.

꾸준함이라는 재능

시험에서 좀처럼 점수가 오르지 않는 사람도 있고, 처음부터 잘하는 사람도 분명히 있다. 하지만 좋은 성적은 선천적인 재능만으로 나오지 않는다. 그간 쌓아 온 공부와 경험이 녹아 들어 그렇게 보일 뿐이다. 실제로는 학교에서 열심히 배웠던 내용들이 머릿속에 남아 있는 것이다. 지금도 리트 강사로서 학생들에게 "이건 중학교 때 배운 내용이고, 저건 고등학교 몇 학년 과정에서 다뤘던 것"이라고 설명하면 의아해하는 학생들이 많다. 하지만 성실히 배우고 익힌 것은 다 기억 속에 남기 때문에, 학창 시절을 충실히 보냈다면 새롭게 공부할 내용이 많지는 않다. 살면서 알게 모르게 쌓아 온 모든 경험은 결국 다 도움이 된다.

나는 남들에 비해 특별히 책을 좋아하지는 않았다. 오히려 난독증 증세가 있어 고등학교 때 국어 시간이나 언어 영역이 가장 힘들었다. 그럼에도 불구하고 공부를 계속하다 보면 어쩔 수 없이 다른 사람들보다 훨씬 많은 글을 읽고 소화하게 된다. 책을 읽지 않는다 해도 교과서나 학습 자료, 문제집을 보는 양이 압도적으로 많았다. 그렇게 독해력이 자연스럽게 향상되었다. 특히 리트 시험에서는 평소의 독서량이나 배경 지식보다는 문제 풀이 스킬과 꾸준한 연습이 더 큰 도움이 되었다고 생각한다. 학교에 다니며 성적 관리를 하다 보면 교과서도 읽고, 신문도 읽게 된다. 중요한 것은 양과 꾸준함, 그리고 그 과정에서 쌓이는 문제 해결력이다.

실패를 대비한 '사전 위로'

리트 시험을 보기 전날, 스스로에게 편지를 썼다. 무엇보다도 지난 시간 동안 정말 고생했다는 말을 꼭 남기고 싶었다. 그 고생의 과정을 누군가가 곁에서 지켜본 것은 아니지만, 적어도 나 자신만큼은 그 모든 순간을 알고 있었다. 남들이 모를 수도 있는 그 과정을 내가 누구보다 잘 지켜봤으며, 그 자체로 충분히 멋있었다고 적었다. 시험 결과와 상관없이 스스로를 다독이고 싶었고, 앞으로 절대 하지 말아야 할 한 가지를 당부했다.

바로 시험 결과를 만회하려고 애쓰지 말라는 것이었다. 수능을 망치고 나서 그것을 만회하겠다는 생각에 20대 내내 절박하게 살았던 기억이 있다. 다시는 그런 생활을 반복하지 말자고, 결과는 결과대로 받아들이고 그 안에서 살아가라고, 어차피 만회란 불가능하다고 스스로에게 썼다. 그렇게 편지를 남기고 시험장에 들어섰다. 채점을 하지 않았어도 그날의 시험은 내게 충분히 성공적이었다.

지난 10년을 돌아보면, 결국 불안과의 싸움이었다는 생각이 든다. 지금도 그 기억과 감정이 내 안에 남아 있지만, 이제는 그 경험을 축복이라고 여긴다. 고등학교 시절 공부를 잘해 모두의 주목을 받으며 높은 곳에 올랐다가 수능에서 한 번에 추락했던 때의 아픔이 너무 컸기에, 높이 올라가는 것 자체가 두려워졌다. 최악은 떨어질 것이 두려워 아예 올라갈 시도조차 하지 않았다는 것이다. 실제로 20대의 나는 노력 자체를 피하며 살았다.

그러다 리트 준비를 시작하면서 한 계단 한 계단 실력을 쌓아 올렸다. 올라가는 과정에서 내 실력이 쌓이는 것이 눈에 보였지만, 추락의 기억이 너무 선명해 조심스러워졌다. 무엇 하나라도 틀어졌을 때 그 무너짐의 아픔을 너무 잘 알았기 때문이다. 그래서 식단 관리부터 일상의 작은 루틴까지 완벽을 기하려 애썼다. 두려움을 잘 활용하면 오히려 더 신중하고, 더 단단하게 나아갈 수 있다는 것도 알게 됐다.

수능에서의 실패가 남긴 '고소공포증'은 내게 약점이자 축복이다. 그 감정 덕분에 이제는 조심스럽게라도 한 걸음씩 다시 올라갈 수 있다. 그리고 그 과정에서 완벽을 추구하는 집요함과 스스로를 다독이는 여유, 두 가지를 모두 배웠다.

가장 완벽했던 시험 계획

리트는 기출문제로 시작해서 기출문제로 끝나야 한다. 내가 공부할 때만 해도 기출문제가 많지 않아 사설문제에 의존할 수밖에 없었는데, 이제는 20년 가까운 기출문제가 쌓여 있어 기출문제로도 공부량이 충분하다.

문제를 풀 때는 속도에 집착하지 말고, 하나하나 지문을 분석해 누구에게라도 설명할 수 있을 정도로 정리해야 한다. 평가원에서 제공하는 해설과 내가 푼 방식을 꼼꼼히 비교해 보고, 해설을 온전히 이해해 그 방법대로 푼다면 속도는 자연스럽게 따라온다. 시험 전까지 기출문제를 평가원과 똑같은 방식으로 풀어 낼 수 있다면 실전에서도 충분히 고득점을 받을 수 있다.

계획은 시험일을 기준으로 거꾸로 세운다. 시험 하루 전에는 늦어도 열한 시에는 잠자리에 들고, 당일에는 시험 시간보다 최소 세 시간 전에 일어나 아침을 먹은 뒤 여유 있게 화장실도 다녀온다. 필요하다면 택시를 타고 고사장까지 편안하게 이동하는 것도 추천한다. 시험 일주일 전부터는 열한 시에 잠들고 일찍 일어나는 루틴을 미리 훈련해야 하고, 한 달 전부터는 시험과 같은 일정을 미리 실전처럼 반복해야 한다.

시험 날 여섯 시에 일어날 계획이라면, 한 달 전부터 매일 아침 여섯 시에 일어나 아침을 먹는 연습이 필요하다. 아침 식사 메뉴는 한 가지로 통일하는 것이 좋다. 본인의 몸이 소화하기에 부담이 적으면서도 적당한 칼로리와 전해질 균형을 맞출 수 있는 식단을 찾아야 한다. 나 같은 경우, 처음에 햇반만 먹었더니 졸음이 오고 손이 떨려, 햇반 한 공기에 참치캔 하나, 김치 한 접시로 식단을 한 달 내내 통일했다.

6월부터는 시험날과 똑같은 옷을 입는 훈련도 시작했다. 긴 바지에 똑같은 반팔 셔츠를 10장 사서 매일 같은 옷을 입고, 그 위에 가디건을 걸쳐 입고 공부했다. 너무 춥게 입으면 고사장에서 에어컨이 세게 나올 때 집중력을 잃기 쉽다.

공부 루틴은 시험 두 달 전부터 철저하게 반복했다. 언어이해 과목 시험 시작 시간에 맞춰 책상 앞에 앉아 시간을 재고 모의고사를 풀었다. 쉬는 시간을 갖고 추리논증 과목 모의고사도 한 회 풀어 오전 공부를 마무리했다. 점심을 먹은 후에는 아이스크림을 하나 먹고 잠깐 눈을 붙여 충분한 휴식을 취한 다음 오후 두 시쯤 다시 공부를 시작했다.

오후에는 기출문제를 언어이해와 추리논증 각 한 회씩 천천히 풀었다. 속도보다는 예전에 잘못 생각해 틀렸던 문제를 지금은 제대로 풀 수 있는지 검토하는 데 집중했다. 틀린 문제가 있으면 휴대폰으로 사진을 찍어 틈틈이 보며 상기했다. 저녁을 먹고 나서는 하루는 언어이해, 하루는 추리논증 모의고사를 한 회씩 풀며 하루를 마무리했다. 문제를 푸는 체력을 충분히 늘리기 위해 일부러 하루에 푸는 문제량을 두세 배로 늘리는 훈련을 한 것이다.

정리하자면, 시험 6개월 이전에는 리트의 각 분야별로 모아진 문제를 풀었다. 언어이해는 인문학, 사회과학, 과학기술 등 각 소재별 지문에 집중했다. 많이 틀리는 부분은 인강 강사의 설명을 참고했다. 추리논증도 각 챕터별로 문제를 풀고, 논리 게임이나 강화·약화 문제처럼 자주 틀리는 유형은 인터넷 강의를 통해 필요한 개념과 팁을 익혔다.

시험 6개월 전부터 2개월 전까지는 리트 개념이 완전히 숙지된 상태는 아니어서 사설문제는 손대지 않고 기출문제에만 집중했다. 리트는 따로 이론이 있는 과목이 아니라 문제 풀이를 통해 실력이 만들어진다. 기출문제를 회차별로 풀면서 자주 틀리는 부분은 개념서로 돌아가 강의 내용을 다시 복습했다. 약한 부분은 보완하고, 잘하는 부분은 더 빠르고 정확하게 푸는 방법을 연구해 메모해 두었다.

리트는 1~2년 이상 공부할 양이 아니다. 고등학생 국어 영역과 겹치는 부분이 많고, 그보다 난이도만 조금 더 어려운 것이 리트 언어

이해라고 보면 된다. 학점 관리를 하며 시험 삼아 문제를 풀어 보는 것은 좋지만, 미리 학원을 다니거나 커리큘럼에 집착할 필요는 없다. 결국 중요한 것은 자신만의 루틴과 실전 감각을 꾸준히 쌓아 가는 일이다.

5장

---☆---

정성(精誠)껏 쌓아 올린
정성(定性)

새로운 관문, 자기소개서

그렇게 리트 시험을 마무리하면 모든 과정이 끝날 줄 알았다. 하지만 그것이 전부가 아니었다. 로스쿨에 원서를 접수하려면 자기소개서를 써야 했고, 이후에는 면접도 준비해야 했다. 막상 자기소개서를 쓰려고 빈 종이 앞에 앉아 보니 무슨 이야기를 써야 할지 도무지 감이 오지 않았다.

처음에는 할아버지 이야기를 꺼내며, 이 일을 꿈꾸게 된 계기를 아름답게 포장해 보기도 했다. 하지만 자기소개서를 봐 주던 황정현 변호사님이 "이렇게 쓰면 절대 뽑히지 않는다"며, 점수를 딸 수 있는 구체적인 재료를 찾아야 한다고 조언하셨다. 그 말을 듣고 나니 막막함이 몰려왔다. 정말 진심으로 할아버지를 생각하며 시작한 길인데, 그것을 있는 그대로 쓸 수 없다는 현실이 답답했다.

그때부터 '나'라는 사람을 새롭게 만들어 가기 시작했다. 동기는 다소 꾸며야 할지라도, 앞으로 어떻게 살아갈 것인지는 거짓말이 아니어도 된다는 사실을 깨달았다. 벤처경영학을 공부하며 스타트업을 경험한 만큼, 앞으로는 이 분야에서 기업을 도울 수 있는 변호사가 되어야겠다는 방향을 잡았다. 자기소개서도 그쪽으로 초점을 맞추기 시작했다.

문제는 재료였다. 변호사가 되어야겠다는 생각만으로 달려왔기 때문에 그동안의 경험에 별다른 의미를 부여하지 않은 채 지난 몇 년을 살아온 나였다. 창업의 경험도 그저 변호사가 되기 위한 여정의 일부로만 여겼다. 그래서 자기소개서에 쓸 만한 구체적인 사례를 찾기 위해 내 카카오톡 대화, 이메일, 문자 메시지, 카드 결제 내역까지 몇 년치를 모두 뒤져 봤다. 사진첩과 클라우드에 저장된 기록도 하나하나 살폈다. 그렇게 돌이켜 보니 생각보다 쓸 만한 이야기들이 많았다.

열심히 살아온 흔적들이 곳곳에 남아 있었던 것이다.

이런 경험들을 모아 자기소개서를 다시 썼다. 앞으로 어떤 공부를 할 것이고, 지금 어떤 공부를 하고 있는지 구체적으로 적었다. 그것을 증명하기 위해 논문도 몇 편 썼다. 두세 달 동안 논문을 준비헤 자기소개서에 첨부했다. 면접 준비는 또 다른 시작이었다. 면접은 10월이나 11월쯤 치러지는데, 리트 시험이 7~8월에 끝나고 나면 곧바로 이어진다. 자기소개서를 완성한 뒤에는 바로 면접 준비에 돌입해야 했다.

면접관과의 소개팅

로스쿨 입시는 리트 합격 여부를 모르는 상태에서 자기소개서와 점수를 함께 제출하고, 1차 합격이 되면 면접을 보는 구조다. 그래서 리트와 면접 사이에 두세 달 반짝 준비하는 시간이 난다. 그런데 그 면접을 위해 무려 1년 전부터 준비한 나만의 웃지 못할 에피소드가 있다.

리트 시험을 보기 한참 전인 그해 1월, 공부에 본격적으로 집중하고 있던 때였다. 자기소개서와 면접 강사였던 황정현 변호사님이 수업에 잠깐 특강을 하러 오셨다. "지금은 리트 공부에 집중하지만, 하반기에는 자기소개서와 면접도 준비해야 한다"는 내용의 30분 남짓한 짧은 특강이었다. 자기소개서에서 중요한 것은 구체적인 근거와 경험이고, 면접에서는 떨지 않고 자신의 이야기를 자연스럽게 하는 것이 중요하다고 했다. 농담처럼 외모도 중요하다는 말을 하시며 "외모는 본인이 해결해야 하니 만약 성형할 거면 지금 해라"라는 우스갯소리도 덧붙이셨다.

그런데 웃자고 한 그 말을 듣고 괜히 신경이 쓰였다. 외모 때문에 혹시라도 리트 시험을 잘 보아 놓고도 감점이 되어 떨어지는 일이 생기면 안 되겠다는 생각이 들었다. 그때의 나는 머리숱이 많지 않았는데, 스트레스 때문이 아니라 유전 때문이었다. 그래서 다음 날 바로 강남역 근처에 있는 모발이식 병원에 찾아가 수술을 받았다. 예뻐지겠다는 욕심이 아니라, 혹시라도 면접에서 불이익을 당할까 봐 모발이 생착되는 시간을 고려해 미리 준비한 셈이었다. 모발이식은 생각보다 큰 수술이었다. 피도 많이 나고, 무척 아팠다. 미리 알아봤다면 더 신중했겠지만, 외모도 입시에 영향을 줄 수 있겠다는 걱정에 앞뒤 재지 않고 바로 움직였다.

수술 다음 날 학원에 갔더니, 머리에 붕대를 감고 피범벅이 된 모습에 변호사님께서는 교통사고라도 난 줄 알고 놀라셨다고 한다. 모발이 자리를 잡는 데는 7~8개월이 걸렸고, 여름까지는 그 상태로 지냈다. 다행히 면접 직전에는 머리가 자라서 자신감 있게 면접장에 들어설 수 있었다. 그 당시 외모에 대한 콤플렉스도 심했는데, 입시 준비를 하며 콤플렉스도 자연스럽게 극복되었다.

아는 것이 많아야 면접에서 할 이야기도 많아지니, 이동할 때는 팟캐스트를 들으며 공부했다. 시사 이슈나 법조인 일대기를 다룬 라디오 드라마를 반복해서 들으며, 다양한 주제에 대한 이야깃거리를 쌓았다.

주말에는 아나운서에게 스피치를 배우기도 했다. 하지만 아나운서식 스피치는 너무 또박또박하고 딱딱해서 내 일상 언어와는 거리가 멀었다. 그래서 발음을 명확히 하기 위해 랩을 배웠다. 랩을 배우니 발음이 훨씬 또렷해졌다. 외모 관리도 소홀히 하지 않았다. 헬스장을 다니며 다이어트에도 전념했고, 난생처음 재단사를 찾아가 면접 날 입을 옷도 미리 맞추어 입었으며, 퍼스널컬러 진단을 받아 넥타이 색깔까지 맞추어 준비했다.

이렇게 자기소개서와 면접을 준비하며 여러 가지를 시도했다. 랩은 전문적으로 하려면 시간이 걸려도, 일반인보다 조금 더 잘할 정도까지는 한두 달 집중하면 충분했다. 발성도 탈잉이나 숨고 같은 재능 공유 사이트를 통해 선생님을 찾았고, 실제로 만나서 수업을 들었다.

리트 이후의 과정은 다시 한번 나라는 사람을 돌아보고, 내 삶을 구체적인 언어로 정리하는 시간이었다. 시험이 끝났다고 모든 것이 끝나는 게 아니라, 오히려 그때부터 진짜 준비가 시작된다는 사실을 그제야 실감했다.

공부에 그렇게 몰입했던 경험은 지금도 삶에 큰 힘이 된다. 리트의 구체적인 내용 자체가 인생에 직접적인 쓸모가 있는 것은 아닐지 몰라도, 목표를 정하고 모든 것을 걸며 다른 것을 다 제쳐 두고 한 가지에만 집중했던 자세는 지금까지도 내게 큰 자산이 되고 있다.

자기소개서

지원자 인적사항

성 명 :   심규덕   수험번호 : *******

전형구분 :   일반전형 ■ 특별전형 □

확인 서약

1. 본인은 이 자기소개서를 사실에 입각하여 직접 작성하였습니다.

2. 본인은 귀교가 이 자기소개서와 관련하여 내용 확인을 요청할 경우 협조할 것입니다.

3. 본인은 이 자기소개서에 고의적인 허위사실 기재, 대리 작성, 기타 부적절한 사실이 발견되는 경우 불합격, 합격 취소 또는 입학허가 취소, 향후 귀교가 시행하는 입학전형에서 지원자격을 제한받는 등의 불이익을 감수할 것입니다.

4. 본인은 기재가 금지된 사항을 기재했을 경우 평가과정에서의 실격, 합격 취소 또는 입학(허가) 취소 등의 불이익을 감수하겠습니다.

※ 기재금지사항에 관한 고지

– 자기소개서에 본인 성명을 비롯하여 부모·친인척의 성명, 직업명, 직장

명 등 입학전형에 영향을 미칠 수 있는 사항을 기재하여서는 안 됨.

- 특히 부모·친인척의 직업에 관한 사항은 일체의 기재를 금지함. 직업의 종류를 불문하고 어떠한 직업도 기재가 금지되며, 추상적으로 직종명을 기재하는 것(사업, 법조인, 공무원, 회사원 등) 역시 허용되지 아니함.

5. 본인은 입학 후 학사관련 자료로 자기소개서를 활용하는 것에 동의합니다.

위 사항에 대해 확인 서약합니다.

2018년 X월 X일

서울대학교 법학전문대학원장 귀하

1. 3000자 이내로 자기를 소개하시오. 여기에는 다음과 같은 내용을 포함시킬 수 있으나, 이에 구애받지 않고 자유롭게 서술할 수 있습니다.

- 대학 입학 후 지금까지 특히 관심을 두고 수행한 활동과 연구(공부)한 분야. 그러한 활동과 연구(공부)가 지원자에게 가져온 변화

- 법학전문대학원에 지원한 동기

- 앞으로의 계획과 포부

4차 산업혁명으로 고용 없는 성장이 가속되고, 많은 이들이 창업을 그 해결책으로 꼽습니다. 저는 창업가들이 공정하게 경쟁하고 성장할 수 있도록 창업환경 개선에 이바지하는 법조인이 되기 위해 서울대학교 법학전문대학원에 지원하였습니다.

간호학과로 입학하였지만, 창업의 꿈을 갖고 경영학과로 전과하였습니다. 그러나 학부수업은 창업보다는 기성 기업의 관리에 초점이 맞추어져 있었습니다. 실무경험을 쌓고자 사회적 기업이나 국회에서 인턴활동도 해보았지만, 창업에 대한 소양을 기르기엔 역부족이었습니다. 벤처경영학을 연합전공하게 된 건 그런 이유에서였습니다.

벤처경영학과에서는 창조와 혁신, 창업론실습, 사회적 기업의 창업과 같은 수업을 통해 직접 창업을 해 보며 필요한 자질을 기를 수 있었습니다. 그러나 법안과 정부 정책에 대한 충분한 이해가 없어, 수업에서의 프로젝트를 지속적인 시스템으로 만드는 과정에서 늘 한계에 부딪혔습니다. 일례로, 2017년 창조와 혁신 수업에서는 오일캐시라는 이름으로 블록체인을 이용해 각 주유소의 주유권을 상장하여 거래하는 플랫폼을 만든 경험이 있습니다. 수업에서 좋은 평가를 받았고, 주유소들에서도 필요성을 인정받아 4개의 주유소와 계약을 체결했지만, 막상 블록체인 시장에는 정부가 명시해 놓은 가이드라인이 없어 사기가 성행했습니다. 때문에 정부는 일괄적으로 ICO를 금지하여, 국내에서는 블록체인 관련 사업을 할 수 없었고, 결국 저희 플랫폼은 구체적인 사업으로 이어질 수 없었습니다. 이를 통해 규제나 정책에 대한 예측과 대응이 창업에 있어 얼마나 중요한지 깨닫게 되었습니다.

이를 계기로, 창업 현장에서 필요한 역량의 부족함을 느끼고, 스타트업에서 인턴으로 근무해 보았습니다. 이는 창업에 있어서 국가 정책과 규제의 영향에 대해 더 큰 고민을 하게 되는 계기가 되었습니다. 의료사고 방지를 위한 의료기기를 개발하는 기업에서 일하며, 실제 벤처기업이 운영되는 원리를 이해할 수 있었습니다. 그러나 정부는 의료기기 매입의 의사결정을 철저히 병원의 자율에 맡겼고, 국내 병원들은 저렴한 의료기기만을 선호하였습니다. 기업이 겪는 더 큰 문제는 정부의 까다로운 지원제도였습니다. 국내에 많은 스타트업 지원제도가 있지만, 단기간 내의 성과를 요구하여, 막상 큰 규모의 R&D가 필요한 기업에게는 그 혜택이 돌아갈 수 없었습니다. 우수한 국내 기업이 창업환경 문제로 난항을 겪는 모습을 보며 저는 창업환경에 더 큰 관심을 갖게 되었습니다.

학교수업과 인턴활동 경험을 바탕으로, 우리나라의 창업환경이 기업들에게 장애로 작용하고 있다는 생각이 들었고, 이를 다른 나라의 창업환경과 비교하여 정리해 보았습니다. 특히 중국의 심천이나 홍콩, 싱가포르와 같은 작은 도시들이 텐센트나 알리바바와 같은 혁신적인 기업에게 제공하는 창업환경에 대해 연구해 보았습니다. 두 번에 걸쳐 학교에서 진행하는 SNU Global Challenge를 통해 싱가포르와 홍콩의 기업들을 방문하였고, 방학 때는 학교의 지원으로 팀을 꾸려 상해와 심천을 방문해 그 도시들의 강점을 탐구했습니다. 지리적 위치나 언어의 강점도 있었지만, 가장 핵심적인 것은 그 도시들만 갖고 있는 제도적·법적 인프라였습니다. 우리나라와 달리 네거티브 규제를 활용하는 도시들에서는 새로운 산업의 트렌드에 발 빠르게 대응할 수 있었고, 이는 혁신 친화적인 사회 분위기를 조성하여 기업의 자율성과 경쟁력 확보로 이어졌습니다.

창업환경에 대해 정리한 내용을 바탕으로, 「법뮤다 삼각지대」라는 보고서를 작성하여 다음 학기 벤처경영학특강 수업에서 발표했습니다. 중국과 국내의 창업정책 비교를 통해, 우리나라는 우수한 공정거래법을 갖고 있지만, 혁신산업 관련 규제의 유연성은 부족하다는 점을 다룬 내용이었습니다. 트렌드에 대한 뒤늦은 입법과 산업 전체를 사장시키는 포괄적인 규제, 까다로운 지원제도로 정작 유망한 기업에게 힘을 실어 주지 못하는 현실은 수많은 스타트업들에게 큰 족쇄였습니다. 스타트업과 기존 사업의 충돌에 있어서도 보수적인 입법과 규제로는 혁신을 받아들이기에 역부족이었습니다. 제가 경험한 오일캐시나 의료기기 회사, 나아가서는 우버, 콜버스랩과 같은 기업들 또한 이러한 제도의 피해사례였습니다. 어쩌면 창업환경에 있어서 가장 시급한 변화는 관련 법안과 제도의 개혁이라는 생각이 들었습니다.

그런 문제의식을 바탕으로, 저는 스타트업에게 필요한 법률 자문과 규제 개혁에 적극적으로 나서는 법조인의 꿈을 갖게 되었습니다. 국민의 기본 권을 보호하고 시장에서의 공정경쟁을 추구하는 규제는 우리 사회에 꼭 필요한 약속입니다. 그러나 창업이라는 새로운 조류에 대한 심도 있는 고민 없이, 일방적으로 결정되는 정부의 규제와 지원은 창업가들이 늘 걱정 하고 경계하는 대상입니다. 그러한 규제에 맞설 여건이 충분치 않아, 수많 은 창업가들은 그들의 역량을 스스로 억누르고 있습니다. 누군가가 그들 의 눈으로 창업환경을 바라보고, 불공정한 상황에서 분쟁 해결에 앞장서 서 도움을 주며, 부적절한 규제를 개선하는 데 적극적으로 나선다면 우리 나라의 법안과 규제들이 창업가들에게 큰 힘을 실어 줄 수 있을 것입니다.

그러한 법조인이 되기 위해, 제가 법학전문대학원에 입학한다면 헌법, 민 법, 형법에 대한 소양을 바탕으로, 회사법, 세법 공부를 통해 창업 생태계 를 법의 시각으로 바라볼 수 있는 역량을 기를 것입니다. 또한 규제법과 법정책학을 공부하여, 합리적인 규제와 정책에 대해 공부하고, 금융법이 나 정보통신법, 헌법소송법을 통해 창업 생태계에 법률로써 실질적인 도 움을 줄 수 있는 학식도 쌓을 것입니다. 졸업 후에는 창업가들에게 법률자 문을 하는 전문 변호사로서의 경력을 쌓을 것입니다. 실무경험을 충분히 쌓은 후에는 이를 바탕으로 중소벤처기업부와 같은 정부기관에서 창업 생태계 개선을 위한 정책 제정이나 규제개혁을 위해 힘쓸 것입니다.

학부과정에서 쌓은 창업에 대한 경험에 이러한 학업계획과 사명감을 더한다면 대공황 극복에 이바지한 윌리엄 더글라스나 휴고 블랙처럼 올바른 제도를 통해 우리나라 창업 생태계를 한 차원 더 발전시키고, 창업가들이 나아가야 할 새로운 방향을 제시하는 법조인이 될 수 있으리라 믿습니다.

2. 800자 이내로 지원자가 제출한 대학(학부) 성적표를 이해하는 데 도움이 될 사항을 설명하시오. 여기에는 다음 사항을 반드시 포함시켜야 합니다.

- 전체 이수 학점 중 주전공, 부전공, 복수전공, 교양 등의 구분에 따른 학점 수
- 전공 및 교양 교과목을 선택한 기준과 이유
- 재수강을 한 과목의 수와 그 이유

전체 이수학점 158학점 중 경영학 전공 33학점과 벤처경영학 연합전공 27학점, 교양과목 55학점을 수강했습니다. 경영학과로의 전과 전 간호학과로 입학하여 36학점의 간호학 과목을 들었습니다.

창업 관련한 수업으로, 창조와 혁신, 벤처사업기회연구, 벤처경영학 특강 등의 과목을 A+로 수강하였고, 벤처경영학전공 평점은 4.02/4.3입니다. 여러 분야의 소양을 갖추기 위해, 말하기와 토론, 심리학개론, 역사와 영화, 한국사와 같이 여러 학과의 교양 과목을 A+의 학점으로 이수하였습니다. 법학과목으로는 기업법과 형법총론을 수강하였는데, 형법총론 수업에서 읽게 되었던 『윌리엄 더글라스 평전』과 『공평한가?』는 법의 제정과 해석이 사회의 발전과 문제해결에 어떠한 영향을 끼치는지 생각해보는 계기가 되었습니다.

경제원론 1, 한국정치의 분석과 이해, 인체구조와 기능 및 실험, 간호통계학 4개의 과목은 두 번에 걸쳐 이수하였습니다. 2012년도에 경제학과 정치학에 대해 전혀 알지 못한 상태에서 경제원론 1과 한국정치의 분석과 이해를 수강하여 어려움을 겪었는데, 방학기간을 이용해 사회과학 학회활동을 꾸준히 하여 두 과목을 각각 2013년과 2016년에 우수한 성적으로 이수하였습니다. 인체구조와 기능 및 실험, 간호통계학은 고등학교 시절 자연계열에서 공부하였던 학우들보다 기초학문에 대한 이해가 부족하여 많은 어려움을 겪었습니다. 때문에 군복무시절 함께 다양한 전공을 갖고 있던 선후임과 매주 세미나 활동을 하여 수학과 생명과학, 화학에 대해 공부하였습니다. 이를 통해 전역 후, 2016년에 성실히 두 과목을 이수하였습니다.

자기소개서 관련 증빙서류 목록

- 자격증, 각종 공인시험, 연구 및 활동 결과물 등 증빙서류를 제출할 경우에는 반드시 아래 목록에 기재해야 함(최대 10개)
- 별도의 증빙서류가 없는 경우에는 작성하지 않아도 됨

번호	서류명	일자*	발급기관명
1	2013년도 간호대학교 부학생회장		
2	사회적 기업 강동도시농부 인턴활동 증명서		
3	국회 의원회관 인턴과정 증명서		
4	세중해운 인턴활동 증명서		
5	매지션 인턴활동 증명서		
6	주식회사 오일캐시 거래계약서		
7	Tongue 77 인턴활동 증명서		
8	2017학년도 2학기 Dean's list		
9	SNU Global Challenge 참가확인서		
10	보고서 「법뮤다 삼각지대」		

* 증빙서류의 일자는 발급일 또는 완료일을 기재

Q1 ✦ 서울대 출신이면 서울대 로스쿨 입학에 유리한가요?

요즘에는 공정성 때문에 블라인드 면접을 실시해서 출신 대학은 아예 밝힐 수 없게 되어 있다. 학점만 수치로 제출되고, 어느 학교를 나왔는지는 평가에 반영되지 않는다. 그래서 동 대학이거나 좋은 학교 출신이라는 이유로 학점이 낮아도 합격을 보장받는 일은 없다.

Q2 ✦ 로스쿨 입시 과정에서 별로 추천하지 않는 공부법은?

강사들이 만드는 새로운 문제를 푸는 것도 도움이 될 수는 있지만, 사설문제의 정답 여부에 집착해 불필요한 훈련을 반복하는 것은 추천하지 않는다. 실제로 사설 강의에서 다루는 문제들은 시험 동향과 어긋나는 경우가 많고, 문제 자체가 완벽하지 않거나 실수만 유도하는 경우도 적지 않다. 실전에서는 그런 문제가 거의 나오지 않는데, 사설문제 풀이에만 집중하다 보면 불필요한 스킬만 늘거나 출제자의 의도를 잘못 파악하는 부작용이 생길 수 있다.

또, 리트 문제를 푸는 데 배경지식이 전혀 필요 없는 것은 아니지만, 배경지식을 늘리기 위한 별도의 학습 역시 권하지 않는다. 오히려 너무 잘 아는 분야에서 괜한 정보를 떠올려 틀리는 경우가 더 많다. 다른 학생들과 비교해 특별히 부족한 것이 아니라면, 배경지식을 쌓기 위한 공부에 시간을 쓰는 것은 오히려 독이 될 수 있다. 사교육의 상술에 소중한 입시 준비 시간을 빼앗기지 않았으면 한다.

Q3 ✦ 로스쿨 입시를 준비하면서 절대 하지 말아야 할 것이 있다면?

리트 공부는 리트 시험을 준비할 때 집중해서 하고, 학기 중에는 학점 관리에 충실해야 한다. 자기소개서는 리트가 끝난 뒤에 작성하고, 면접 준비 역시 자기소개서를 완성한 다음에 시작하는 것이 순서이다. 그런데 학원에서는 중간중간에 이런 준비 과정을 미리 앞당기라고 홍보하는 경우가 많다. 사실 미리 앞당겨서 준비해야 할 건 머리 심는 일 정도밖에 없다(웃음). 그건 한두 달 만에 되는 일이 아니다.

보통 시험을 준비하는 학생들은 학점 관리, 리트 공부, 자기소개서 작성, 면접 준비를 동시에 하기도 한다. 학점 관리에 지치면 리트 공부를 하고, 리트 공부가 지루하면 자기소개서를 쓰거나 면접 준비를 하는 식이다. 하지만 사실 이 모든 준비는 입시 한두 달 사이에 충분히 할 수 있는 일이다. 모든 과정에는 순서가 있다는 말이다. 지금 당장 공부가 힘들고 도피하고 싶거나, 뭔가를 하고 싶은 마음에 과정을 앞당기는 것은 바람직하지 않다고 생각한다.

연애나 담배, 술 같은 경우, 고등학생이라면 하지 말라고 하겠지만 성인이 되었다면 이미 형성된 습관을 억지로 바꾸지 않는 것이 오히려 균형을 유지하는 데 도움이 될 수도 있다. 나는 '균형 상태'라는 말을 좋아한다. 무언가를 하려면 내 루틴이 균형을 이루고 있어야 다른 일에도 힘이 나는데, 이 균형이 깨지면 두 가지 중 하나의 결과를 맞게 된다. 초월적인 힘이 나오거나, 아니면 완전히 무너져 버리는 것이다.

예를 들어, 시험을 두 달 앞두고 갑자기 여자친구와 헤어지고 담배를 끊는다면 초월적인 힘이 날 수도 있지만, 반대로 무너질 수도 있다. 그래서 자신의 균형 상태를 유지하는 것이 중요하다. 도움이 되지 않는 습관이라고 생각된다면 조금 줄이되, 완전히 끊어서 우울해질 것 같으면 차라리 적당히 즐기는 게 낫다. 연인과의 시간이 힘이 된다면 그 관계를 유지하는 게 좋다.

남들이 어떻게 하는지 신경 쓰고 따라가다 보면 오히려 내 균형을 잃고 무너질 수 있다. 10대, 20대 때는 균형 상태의 관성이 크지 않아 금방 적응할 수 있지만, 20대 후반, 30대가 되면 생활패턴의 관성이 강해져서 루틴이 무너지면 모든 게 무너질 수 있다. 그래서 이런 점을 잘 유념하고, 자신의 루틴을 신중하게 만들어 가는 게 중요하다고 생각한다.

Q4 ✦ 로스쿨 입시 과정에서 예상치 못한 변수를 만난 경험이 있다면?

나 같은 경우엔 로스쿨 입시에서는 예상치 못한 변수가 전혀 없었다. 사실 그만큼 생활 루틴, 식단, 체력 관리를 철저하게 했기 때문이다. 이렇게 완벽하게 준비할 수 있었던 건 수능 시험에서 예상치 못한 변수들에 속수무책으로 무너졌던 경험이 있었기 때문이다.

수능 전날에는 긴장해서 잠도 제대로 못 잤고, 시험 당일에는 너무 추워서 집중도 잘 안 됐다. 점심에는 어머니가 따뜻하게 싸 주신 도시락을 너무 많이 먹어서 오후 시험 시간에 졸음이 쏟아졌던 기억도 있다. 이런 경험이 있었기에, 리트 시험을 준비할 때는 6개월 전부터 수면제를 처방받아 생활 루틴을 조절하고, 매일 같은 옷을 입었으며, 식단도 한 가지로 통일하는 등 변수 자체를 아예 없애려고 노력했다. 결국 이런 실패에서 얻은 교훈이 로스쿨 입시를 완벽하게 준비할 수 있었던 원동력이 되었다.

Q5 ✦ 로스쿨 재학 중 학점이나 등수 외에, 실제 커리어에 실질적으로 도움이 될 만한 활동이나 경험이 있다면?

이런 질문을 많이 받는데, 사실 단순히 인턴 경험이나 동아리, 학회 활동 같은 이력은 실제 커리어에 큰 영향을 주지 않는다. 오히려 학점이 훨씬 더 중요하다고 생각한다. 만약 특정한 분야에 깊은 관심이 있고, 그 분야에 대해 정말로 구체적인 전문성을 쌓았다면 인사담당

자가 그 깊이를 보고 "이 사람과 일해 보고 싶다"는 생각을 할 수 있다. 하지만 대부분 단순히 활동을 많이 했다는 것만으로는 커리어에 실질적인 도움이 되지 않는다.

실제로 로스쿨에 입학한 뒤, 변호사 시험 외에 커리어를 쌓기 위해 미리 준비한 대외활동은 없었다. 추천할 만한 학회, 논문, 인턴십, 네트워킹 활동 등도 딱히 떠오르지 않는다. 결국 가장 중요한 것은 학점이고, 그 외의 활동은 정말 자신만의 분야에서 깊이 있는 전문성을 쌓았을 때에만 의미가 있다고 생각한다.

Q6 ✦ 로스쿨 생활 중 실무 경험을 하며 느낀 점은?

로펌에서 인턴을 하면서 어떤 법조인이 되고 싶은지 진지하게 다시 고민하게 되었다. 드라마에서 보는 것처럼 화려하거나 여유로운 삶과는 거리가 멀었다. 업무량이 많아 몸은 늘 지쳐 있었고, 목디스크와 소화장애 같은 건강 문제도 항상 함께했다. 경제적으로도 크게 풍족하지 않은 현실을 마주했다.

그 충격은 생각보다 컸고, 한동안 공부에 집중하기 어려울 정도였다. 때로는 학업을 중단하고 싶다는 생각도 들었고, 내가 꿈꾸던 삶이 이 길에 없다는 회의감마저 들었다. 하지만 시간이 지나면서, 직접 로펌을 창업하고 강사로서 경험을 나누는 삶을 꿈꾸게 되었다. 그렇게 미래를 다시 설계하고 나서야 비로소 공부에 집중할 수 있었다.

Q7 ✦ 로스쿨 입시생에게 전하는 현실적인 조언은?

로스쿨 입시는 사실 그 자체로 끝이 아니다. 오히려 입학 이후에 본격적인 입시가 시작된다. 로스쿨에 들어가서 3년 동안 열심히 공부해야 하고, 변호사 시험까지 통과해야 진짜 최종 목표를 이룰 수 있다. 물론 열심히 하는 게 중요하지만, 그렇다고 해서 반드시 로스쿨에 합격하지 않으면 안 된다는 부담까지 가질 필요는 없다.

오히려 로스쿨에 들어가서 변호사 시험에 떨어지는 경우가 더 큰 손실일 수 있다. 3년이라는 시간을 투자했는데 변호사가 되지 못한다면 그건 정말 아쉬운 일이다. 반면, 로스쿨 입시에 실패하는 것은 단순히 이 길이 나와 맞지 않아서일 수도 있다. 그런 의미에서 입시에 실패했다고 해서 모든 것이 끝난 건 아니고, 오히려 나와 맞지 않는 길을 일찍 알게 된 것이 축복일 수도 있다고 생각한다.

다만, 자신이 정말 이 길과 맞는지 아닌지를 알고 싶다면 반드시 최선을 다해 봐야 한다. 최선을 다했는데도 결과가 좋지 않다면 그때는 정말 나와 맞지 않는 것일 수도 있지만, 대충 준비하다가 실패했다면 사실은 나와 잘 맞는 길임에도 불구하고 제대로 도전하지 않은 것일 수 있다. 그래서 무엇보다도 최선을 다해 도전해 보는 것이 중요하다고 생각한다.

6장

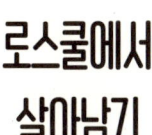

로스쿨에서
살아남기

서울대 로스쿨에 입성하다

나는 서울대에 꼴등으로 입학했다. 간호대학은 서울대에서 커트라인이 가장 낮은 학과였고, 그마저도 추가 합격으로 들어갔다. 경영학과를 졸업했지만, 전과로 들어간 입장이었기에 늘 외부인이라는 느낌이 강했다. 그런데 서울대학교 로스쿨에 입학하면서 처음으로 남들과 같은 출발선에 선 기분을 느꼈다. 부모님과 함께 입학식에 참석

했던 그 순간은 가슴 벅찬 기억으로 남았다.

리트 공부를 하던 시절, 유일하게 쉬는 시간은 자기 전에 드라마를 보며 잠드는 것이었다. 그때 반복해서 봤던 드라마가 '슬기로운 감빵 생활'이었다. 메이저리그급 야구 선수가 감옥에 가게 되고, 좌완 투수 였던 그는 칼에 찔려 왼팔을 쓰지 못하게 된다. 처음엔 야구를 포기 하려 했지만, 주변의 도움으로 다시 우완 투수에 도전하는 내용이었 다. 그 이야기가 내 상황과 닮았다고 느꼈다.

수능에서 실패한 뒤 원하지 않는 진로를 걸었고, 다시는 새로운 일 에 도전하지 않겠다고 마음먹었지만, 사실 내 마음속에는 다시 시작 하고 싶은 열망이 남아 있었다. 변호사가 되고 싶다는 생각도 마찬가 지였다. 겉으로는 할아버지 이야기를 명분 삼았지만, 결국 내 마음 깊은 곳에 다시 한번 도전하고 싶은 의지가 있었던 것이다. 그래서 리트 공부를 시작할 때는 중학교 시절, 처음 공부에 몰입했던 그 마 음으로 돌아가 다시 시작했다. 결국 원하는 성과를 얻을 수 있었고, 입학식 날 부모님과 함께 서울대 로스쿨에 들어서는 순간 그 모든 시 간이 떠올랐다.

입학식장에서는 '서울대 로스쿨 11기'라는 말 대신 보다 전통적으 로 '서울대 법대 77기'라는 이름으로 입학생을 환영했다. 자부심을 강 조하는 분위기였다. 그날 축하 공연에서는 성악 동아리가 '슬기로운 감빵생활'의 OST인 'Bravo my life'를 불렀다. 드라마 속 장면과 내 지난 시간들이 한꺼번에 떠올라 부모님 옆에서 울컥했던 기억이 난다. 부모님은 내가 성악 공연에 감격해서 우는 줄 알았겠지만, 사실은 군대를 다녀온 뒤 2년 동안 아무에게도 준비 과정을 말하지 못하고, 학교와 집을 오가며 홀로 공부했던 시간들이 모두 떠올랐던 것이다. 그래서 그 순간이 더욱 기뻤다. 처음 로스쿨에 들어갔을 때, 그 기쁨이 아직도 생생하다.

로스쿨·입학 전 경영학과 경험이 도움이 되었냐고 묻는다면, 솔직히 그렇지 않다. 경영학은 회계, 재무 등 일곱, 여덟 개 과목으로 나뉘어 있고, 창의성과 개성, 센스를 요구하는 분야도 많다. 반면 법학은 명확한 답이 있고, 암기력이 중요하다. 창의적인 말을 하면 오히려 독이 된다. 경영학을 재미있게 공부했던 터라, 법학이 상대적으로 재미없게 느껴졌고, 자꾸만 창의적인 접근을 하려다 보니 오히려 방해가 되는 경우도 많았다. 그렇기 때문에 로스쿨 생활의 시작은 완전히 다른 분야에서 새로 시작하는 느낌이었다.

버티는 것도 만만치 않다

로스쿨 생활은 처참하다는 말이 어울릴 정도로 고됐다. 로스쿨에서는 매주, 혹은 2주에 한 번꼴로 시험이 이어졌다. 군대를 다녀온 이후로는 어떤 시험이든 실패한 적이 없었기에, 이번에도 원하는 대로 잘 해낼 수 있을 거라 믿었다. 실제로 공부량은 그 어느 때보다 많았다. 아침 일찍부터 밤늦게까지, 주말도 반납한 채 열람실에 앉아 책을 파고들었다. 시험에서는 완벽하게 알고 있다는 자신감으로 답안지를 제출했고, 그 순간만큼은 뿌듯함도 느꼈다.

하지만 결과는 기대와 달랐다. 그 어느 때보다 열심히 학업에 임했는데도 중간 정도의 성적표를 받아들었을 때의 충격은 컸다. 지금 생각해 보면 서울대 로스쿨에서 중간이면 결코 나쁜 성적이 아니지만, 그때는 받아들이기 힘들었다. 군대 이후 친구도 거의 사귀지 않고, 오직 공부에만 매달렸던 시간들. 그 모든 시간의 유일한 위안은 '나는 열심히 공부해서 성과를 내고 있다'는 자부심이었다. 그런데 중간이라는 결과가 나오자, 앞으로도 계속 이 수준일 것만 같았다. 평생 중간을 목표로 공부해 본 적이 없었기에 정체성마저 흔들렸다.

스터디를 하며 다른 학생들과 이야기를 나누다 보면, 천재라고밖에 설명할 수 없는 사람들이 있었다. '이 친구는 정말 못 이기겠구나'라는 생각이 들 때마다 그동안 내가 생각해 온 잠재력과 가능성의 한계가 한 겹씩 무너졌다. 나 역시 천재는 아니라도 나름대로 비슷한 언저리에 있다고 믿었던 시간도 있었는데, 완전히 차원이 다른 사람들과 마주하니 점점 공부에 대한 의욕이 사라졌다.

로스쿨에서 공부를 힘들어하는 건 결코 나 혼자만이 아니었다. 물론 그 자체를 즐기는 학생들도 있었겠지만, 대부분은 힘들어했다. 버티는 것, 그 자체가 로스쿨 생활의 본질이었다. 즐거움보다는 버팀의 시간이 더 많았던 그 시절, 그 안에서 조금씩 단단해질 수밖에 없었다.

학점과 간판이 갖는 힘

서울대 로스쿨에서는 1등이나 2등, 혹은 중간이나 꼴찌나 외부에서 보기에는 큰 차이가 없어 보인다. 실제로도 비슷한 경우가 많다. 하지만 내부적으로는 등수가 중요한 평가 기준이다. 매 시험마다 등수로 자신의 위치를 확인하고, 그 결과에 따라 동기부여를 받는다. 그래서 학점과 등수에 집착하는 분위기가 자연스럽게 만들어진다. 시험 결과에서 오는 도파민, 그 작은 성취감이 로스쿨 생활의 거의 유일한 보상이다.

사실 서울대 로스쿨 출신이라는 간판만으로도 취업 시장에서는 상당한 이점을 가진다. 다른 로스쿨에서는 쉽게 주어지지 않는 기회가 서울대 로스쿨 안에서는 어렵지 않게 주어지기도 한다. 실제로도 서울대 내에서는 1등이나 17등, 30등이나 100등이 5년 후, 10년 후에 살아가는 모습은 크게 다르지 않다. 변호사 시험에 합격만 한다면 꼴찌를 했다고 해서 진로에 결정적인 영향이 있는 것도 아니다. 대형 로펌 취업 역시 학교 안에서의 등수와 크게 상관없이 기회가 주어질 때가 많다. 특별히 촉망받는 인재이거나 남들과 다른 특별한 진로를 선택하지 않는 한, 학생들 대부분은 큰 차이 없이 취업 시장에 나선다.

결국 로스쿨 생활의 실질적인 경쟁은 내부에서만 치열할 뿐, 바깥에서는 서울대라는 이름이 가장 크게 작용한다. 그래서 학교를 다니는 동안은 누구나 학점과 등수에 집착하게 되지만, 정작 그 등수는 외부에서는 거의 구분되지 않는다. 서울대 로스쿨을 졸업했다는 사실만으로도 이미 충분히 유리한 출발선에 서 있는 셈이다.

드라마 로스쿨과 진짜 로스쿨

오래전, '로스쿨'이라는 드라마가 방영 중일 때의 일이다. 드라마 속 학교에서 살인 사건이 발생했는데도 학생들이 여전히 열람실에서 공부하고 있는 장면을 보고는 한 친구가 내게 그 모습이 진짜냐고 물은 적이 있었다.

나는 당연히 현실적이지 않다고 대답했다. 친구는 "그렇지? 말도 안 되지? 사람이 죽었는데 어떻게 공부를 해?"라고 대답했지만, 그 당시의 나는 더 놀라운 말을 친구에게 했다. "사람이 죽어서 경찰도 오고 기자들도 오고 어수선할 텐데 누가 열람실에서 공부를 해? 집에 가서 하겠지."

피도 눈물도 없는 대답이지만, 그 당시의 나에게는 그게 일반적이었다. 실제로 로스쿨 생활을 할 때 다행히 죽은 친구는 없었지만, 친구들이 가족을 잃는 일을 겪어도 그 슬픔에 공감하기보다는 시험을 앞둔 상태에서 힘든 일이 생긴 것에 대한 걱정이 먼저 들었다. 지금 돌이켜 보면 결코 정상적인 생각이 아니었다.

물론 지금은 그렇게 생각하고 살지는 않는다. 아직 많이 부족하기는 해도 다른 사람이 겪은 상황에 공감하려 노력한다. 하지만 입시에 대한 불안과 숨 막히는 경쟁 속에 살아가던 당시의 나에게는 모든 감정이 다 사치로만 느껴졌다.

열람실에서 공부하다 종종 화장실에 가는 시간마저 죄책감이 들 정도였다. 기껏해야 10분 정도였지만 그마저도 왠지 다른 사람들에게 뒤처지는 시간 같았다. 그래서 변비도 생겼고, 혹시 내가 요실금은 아닐까 하는 말도 안 되는 걱정에 비뇨기과에도 갔던 기억이 있다.

나중에 그 모든 것들이 심리적인 불안이라는 걸 알고서는 그런 강박을 이겨 내기 위해 적어도 화장실만큼은 마음 편히 가려고 애썼던 것 같다. 일부러 사람들이 없는 다른 층이나 다른 건물로 가서 편안하게 휴식을 취하고, 조금이라도 편안한 마음으로 공부하려고 애썼다.

지금 돌아보면 너무나도 우스운 고민과 우스운 해결 방법이지만, 그 모든 게 나에게는 큰 스트레스였고, 대단한 발전이라고 느껴질 만큼 다소 버거운 시간이었다. 지금도 법정 드라마라면 재미있게 보겠지만, 로스쿨 과정을 그린 드라마가 나온다면 채널을 돌려 버릴 것 같다.

백인의 지도교수

로스쿨 때 나는 스테판 조넨버그(Stephan Sonnenberg) 교수님의 지도를 받았다. 로스쿨의 모든 학생 중에서 외국인 교수님을 지도교수로 모시는 건 나뿐이었을 것이다. 사실 그 교수님이 내 지도교수가 된 이유는, 시기를 놓쳐서 아무도 지망하지 않은 교수님이 배정됐기 때문이었다.

교수님은 우리 학교에서 '리걸 클리닉(Legal Clinic)'이라는 과목을 담당하셨는데, 로스쿨 학생들이 현업에 나가기 전에 다양한 주제에 대하여 미리 변호사 일을 경험해 보게 하려는 취지로 만들어진 수업이었으며, 사실 그러한 수업들이 로스쿨 제도가 생겨난 하나의 이유이기도 하다.

한국에 오기 전, 교수님은 부탄에서 로스쿨 제도를 도입시켰고 한국에서도 리걸 클리닉의 활성화에 힘쓰고자 했지만, 변호사 시험의 압박감이 큰 우리나라 로스쿨 시스템을 보며 이질감을 많이 느끼고 계셨다. 나와 종종 만나 면담을 할 때도 이런 점을 하소연하듯 이야기하시는 일이 많았다.

처음에는 그런 시간이 당황스러웠지만, 점차 교수님과의 대화가 경쟁에 지쳐 가던 나에게 큰 힐링이 되었다. 다른 나라에서는 변호사들이 프로보노도 많이 하고 후진 양성에도 힘을 쏟으며, 사회적 문제를 해결하는 데 주도적인 역할을 한다는 이야기를 듣게 되면서, 내가 갈 수 있는 길이 경쟁에서 승리하는 것에만 있지 않다는 생각도 하게 되었다. 본격적으로 변호사 일을 시작하면서 교수님과의 소통은 뜸해졌지만, 강박과 편협한 사고에 갇혀 있던 나에게 잠깐이나마 위안을 주던 그 시간이 나에게는 참 소중했다.

3부

변호사로
살아간다는 것

7장

☆

다시 찾아온 실패,
그리고 집

아무도 찾지 않는 로스쿨생

　의욕이 점점 사라졌다. 만약 특목고나 명문고에 다녔다면 좀 더 나았을까 하는 후회까지 하면서 가까스로 공부를 이어 갔다. 변호사가 되면 재밌는 삶이 펼쳐질 거라는 막연한 기대감에 매달려 버티는 나날이었다. 그러다 로펌 인턴을 하게 됐다. 우리나라 굴지의 로펌에서 만난 변호사들은 모두 내로라하는 사람들이었다.

어느 날 함께 식사를 하던 중, 50대 중반쯤 되는 중역의 변호사님이 다음 달에 신차를 산다며 자랑을 했다. 우리나라에서 가장 잘나가는 편에 속하는 변호사님이 사는 차는 얼마나 좋은 슈퍼카일까 하는 호기심에 무슨 차냐고 물어보았더니 뜻밖에 평범한 국산차였다. 그 순간, 큰 충격이 밀려왔다. 검소한 성격도 전혀 아니고, 비싼 양주와 화려한 인맥을 자랑하던 분이 뽐내는 새 차가 상상과는 전혀 다르다는 사실이 철없던 나에게는 큰 충격이었다. 내가 꿈꿨던 이 길의 최고봉이 이 정도라니, TV에서 보던 변호사들의 화려한 삶과 현실의 간극이 너무도 크게 느껴졌다. 내 친구들 중에는 창업이나 다른 길을 택해 이미 많은 돈을 벌고 있는 이들도 많았다. 그런데 물질적인 화려함을 기대하고 변호사가 되었다가는 평생 그런 괴리감과 열등감 속에 괴로운 사회생활을 할 것만 같았다. 어쩌면 진로 자체를 잘못 잡았나 하는 생각도 들었다. 로스쿨에 와서 학업의 즐거움은 이미 잃은 상태였지만, 변호사가 되면 멋지고 즐거운 삶이 있을 거라 믿으며 그때까지 버텨 왔다. 그런데 그날 변호사님의 이야기에 나름의 큰 충격을 받은 이후, 변호사가 되려는 동기 자체를 다시 다듬어야겠다는 생각을 하게 되었다.

지금 생각해 보면 별거 아닌 작은 일에도 나약했던 나는 집중력을 잃었다. 공부는 그 전보다 더 안 되었고, 성적도 떨어졌다. 그때 민나던 여자친구는 내가 흔들리는 모습을 처음 보아 당황했다고 한다. 제대 후에는 큰 흔들림 없이 목표한 바를 계속해서 이루어 나갔는데, 처음으로 내가 흔들리는 모습을 보여 주게 되었고, 곧 이별이 찾아왔다. 그때의 충격 역시 컸다. 내가 무너질 수도 있다는 사실을 받아들이기 힘들었다. 또, 힘들 때 사람들이 떠날 수도 있다는 사실은 더 큰 상처로 남았다.

그 당시에는 모든 사람이 나를 비웃고 내 상황을 알고 있는 것만 같아 숨고 싶었다. 코로나가 터지면서 집 밖에 나가지 못했고, 학교에 가도 모두 마스크를 쓰고 소통이 끊겼다. 고시촌과 같은 환경 속에서 혼자 지내는 생활은 점점 더 힘들어졌다. 휴학도 고민했지만, 주변의 만류로 결국 하지 않았다.

정신과를 찾아 우울증약과 신경안정제를 처방받아 복용하기도 했다. 당시 나는 여동생과 함께 살았는데, 동생은 내 상태를 알고 아침마다 출근길에 내 방문을 살짝 열어 확인했다. 불면증으로 늘 깨어 있었지만, 창피해서 애써 자는 척했다. 동생이 출근한 뒤에야 일어나 한참을 울었다. 거식증으로 밥도 제대로 먹지 못해 몸무게도 많이 줄었다. 그 당시 얻게 된 우울증은 처음에는 휴학을 고민할 정도였지만, 점점 더 살고 싶지 않은 생각이 들 만큼 힘들어졌다. 16층 집 창밖을 보는 것도 두려웠다. 약을 계속 복용하는 것만이 삶을 포기하지 않기 위해 내가 유일하게 할 수 있던 일이었다.

우리 엄마, 나의 아버지

보통 우울감과 공황은 함께 찾아온다. 집 밖에 나가지도 못하고, 머릿속은 텅 빈 듯 멍해지더니 어느 순간부터는 사람 이름조차 기억나지 않았다. 전화가 오면, 분명 얼마 전까지도 친하게 지내던 사람인데도, '이게 누구였지' 하고 한참을 떠올려야 했다. 약을 먹으니 더욱 그랬다. 이대로라면 변호사 시험도 못 볼 것 같았고, 시험에 떨어지면 우울증은 더 심해질 게 분명했다. 그런 미래를 상상하면 아무것도 남지 않을 것 같았다.

수많은 시행착오 끝에, 결국 부모님께 가야겠다는 생각이 들었다. 동생과 살던 집은 그대로 두고, 홀로 짐을 챙겨 부모님 집 근처에 새로 방을 구했다. 남은 1년은 그곳에서 공부하기로 마음먹었다. 부모님께 부탁하여 아무것도 없는 새 집 한 채를 구하고, 텅 빈 거실 한가운데 큰 책상을 놓고 앉았다. 그리고 침대와 책상만 있는 공간에서 공부를 다시 시작했다. 처음엔 계속 졸다가 잠들기 일쑤였다. 그래도 힘들 때면 언제든 부모님에게 갈 수 있다는 사실이 위안이었다.

그 시절, 학교에서 공부할 때에는 부모님과 전화로 자주 싸웠다. 우울증과 공황장애로 힘든 게 다 부모님 탓 같았다. 나에게 공부하라는 말을 하지 않았다면, 변호사가 되라고 하지 않았다면, 이런 길을 건지 않았을 텐데 하는 원망이 쌓였다. 전화를 걸어 화를 쏟아 내고 끊으면 잠깐은 후련한 마음도 들었지만 이내 부모님이 다시 걱정되고 속이 많이 상했다. 그러다가 오랜만에 부모님을 만나면 어느새 더 늙어 있는 모습이 안쓰럽고 걱정되었다. 그래서 싸우더라도 부모님 집 근처에 있으면, 다음 날 얼굴을 볼 수 있으니 걱정은 덜하겠다는 마음으로 그곳을 택했다.

부모님 집 근처에서 공부하는 동안 아버지는 아침마다 전화로 나를 깨워 주시고, 어머니는 점심과 저녁 도시락을 챙겨 주셨다. 내 인생 마지막 입시만큼은 가족과 함께 치러 보고 싶었는데, 부모님은 그 역할을 기꺼이 받아들여 주셨다. 정해진 시간에 맞춰 어머니가 밥을 챙겨다 주시고, 너무 외롭고 힘들 때면 점심을 먹고 어머니와 손을 잡고 한 시간쯤 산책을 했다. 그렇게 새로운 루틴을 만들며 다시 하루하루를 버텨 냈다.

천명의 응원, 심바TV

조금씩 살 만해졌을 무렵, 마음이 편안해지니 공부도 다시 이어 갈수 있었다. 처음엔 열람실에서 공부하다가 집에서 혼자 공부하게 되자, 피곤하면 자꾸 졸거나 잠이 들었다. 핸드폰도 자주 만지게 됐다. 열람실에서는 핸드폰을 하면 다른 사람들에게 피해를 주게 되어 주변 시선이 신경 쓰였지만, 집에서는 아무도 지켜보지 않으니 긴장이 풀렸다. '보는 사람이 없으면 그것대로 힘들구나'라는 생각이 들었다.

고민 끝에 유튜브 라이브 방송을 켜기로 했다. '심바TV'라는 채널을 만들고, 구독자가 있든 없든, 보는 사람이 있든 없든 상관없이 매일 아침 6시 반쯤 일어나 방송을 켰다. 아침 식사부터 공부 시작과 끝까지, 모든 루틴을 그대로 보여 줬다. 어느 날 늦잠을 자면 방송을 못 켜게 되고, 그럼 부모님을 비롯해 구독자들 모두가 내가 늦잠 잤다는 걸 알게 된다. 그런 부끄러움이 오히려 나를 붙잡아 줬다. 그렇게 남은 6~7개월 동안 매일같이 방송을 켜며 버텼다. 혼자 공부하고 있지만, 화면 너머 10명, 20명의 시선이 있다고 생각하면 외롭지 않았다.

서울대 로스쿨 학생에 대해 궁금한 게 많은 사람들이 채팅창에 질문을 남기곤 했다. 그 질문들을 모아 두었다가 밤 11시쯤 '시밤'이라는 이름으로 소통 라이브를 진행했다. '심바의 시밤'이라는 이름 아래, 그날 하루 공부를 하며 떠오른 시를 한 편 읽고, 오늘 하루가 어땠는지, 그 시가 내게 어떤 의미였는지 이야기했다. 시청자들도 각자의 생각을 채팅창에 남기면서 함께 이야기를 나눴다. 하루에 30분에서 1시간 정도, 그렇게 6개월을 이어 갔다. 학창 시절에 배웠던 시들 중에서 기억나는 시가 생각보다 많았고, 그 시들을 통해 내 하루를 정리할 수 있었다.

마지막 '시밤' 방송은 시험 한두 달 전쯤이었다. 마지막 방송에서 심훈 선생님의 <그날이 오면>을 읽었다. 그리고 이 시를 읽으며 누구에게나 반드시 그날은 온다는 메시지를 전했다. 변호사 시험이든 리트 시험이든, 합격 여부와 상관없이 시험이 끝나는 날은 반드시 찾아온다. 그날까지 버티기만 해도 성공이라는 생각, 합격이든 해방이든 각자에게 의미 있는 그날은 온다는 믿음을 전했다. 그리고 그 말은 나 스스로에게 하는 말이기도 했다.

시험은 아직 두 달 남았지만, 이미 성공했다고 느꼈다. 합격이 아니라, 이 시간 동안 최선을 다해 버틴 것 자체가 내게는 성공이었다. 방송을 마무리하며 시청자들에게도 각자의 '그날'이 올 거라고, 합불 여부와 상관없이 스스로에게 박수칠 수 있는 날이 반드시 올 거라고 다시 한번 이야기했다. 그날은 평소보다 많은 60명 가까운 시청자가 함께했다. "심바님, 고생 많으셨어요. 꼭 잘하고 오세요"라는 응원 속에 마지막 방송을 마쳤다.

이후에는 다시 공부 방송만 이어 갔다. 시험 전날 마지막 방송을 마치고 다시 서울대 앞의 집으로 돌아왔다. 그리고 아버지께 전화를 걸어 처음으로 공부 이야기를 나눴다. 아버지는 "규덕아, 최선을 다했으니 잘될 거다"라고 말씀하셨다. 알고 보니 부모님 두 분 모두 내 방송을 매일 지켜보고 계셨다. 자취방에 도착하니 집 안이 깨끗하게 정돈되어 있었고, 시험에 필요한 모든 준비가 이미 되어 있었다. 부모님께서 몰래 와서 미리 다 챙겨 주신 것이었다.

변호사 시험은 5일 동안 치러졌다. 어머니와 아버지는 매일 새벽같이 와서 아침을 챙겨 주시고, 나를 깨워 시험장으로 보냈다. 덕분에 마지막까지 흔들리지 않고 시험을 마칠 수 있었다.

'심바'와 닮은 '심변'

나는 '라이온 킹'이라는 애니메이션을 가장 좋아한다. 이 이야기의 주인공인 심바는 왕자로 태어났지만, 아버지의 죽음을 자책하며 자신이 왕이 될 자격이 없다고 믿고 집을 떠난다. 하지만 시간이 지나아버지의 죽음이 자신의 잘못이 아님을 깨닫고 다시 돌아와 아버지를 죽인 스카와 맞서 싸워 왕이 된다. 내가 감명 깊게 본 것은 심바가 왕이 되는 모습이 아니라, 과거의 상처를 딛고 다시 시작점으로 돌아와 자신의 삶을 살아간다는 점이었다.

나의 이야기도 이와 닮았다고 생각했다. 부모님 집을 떠나 다시 입시를 시작하고 변호사가 되어 가는 긴 과정은 할아버지의 죽음에서 시작되었다. 할아버지가 살아 계실 때, 열심히 살지 못해 멋진 모습을 보여 드리지 못했다는 죄책감이 마음을 짓눌렀다. 군대에서 돌아와 변호사가 되기까지 본가에 머문 시간은 20일도 채 되지 않았다. 할아버지가 사시던 집이라는 사실 자체가 무겁게 느껴졌고, 죄책감은 더 커졌다. 집에 들어갈 자신이 없어 군대에서 돌아오자마자 신림동으로 가서 학교생활을 시작했다. 변호사가 되어 돌아가겠다는 마음으로 외로웠던 10년간의 자취를 시작한 것이다.

하지만 결국 변호사가 되기도 전에 몸과 마음이 많이 무너진 채로 집 근처로 돌아왔다. 원래는 성공해서 돌아가려 했지만, 덜 준비된 상태로 돌아온 것이다. 부모님과 많은 대화를 나누면서 깨달았다. 부모님도 할아버지도 내가 성공한 모습을 바라기보다 행복하게 잘 살기를 바랐다는 것을.

그때부터는 부모님 집 근처에 사는 것에 죄책감을 느끼지 않게 되었다. 불필요한 자책감을 떨쳐 내자 마지막으로 달릴 수 있는 힘이 생겼다. 할아버지를 보내 드린 날부터 다시 부모님 곁으로 돌아가기 전까지는 스스로를 죄인이라 생각하며 극단적으로 살았지만, 그 마음을 극복하고 나서야 진정으로 미래를 위해 공부할 수 있는 마지막 힘이 생겼다.

이렇게 죄책감에 가족 곁을 떠나 외로운 시간을 보내다가 그 마음을 극복하고 가족 곁으로 돌아왔던 일련의 과정들이 '라이온 킹'의 심바와 닮았다고 생각했다. 그래서 남은 변호사 시험을 준비하며 그 이야기를 모티브로 삼아 '심바TV'라는 채널 이름을 지었던 것이다.

자화상, 스스로 위로하는 마음

메타인지라는 것은 결국 두 가지로 나뉜다. 하나는 자신의 상태를 인지하는 것이고, 다른 하나는 주변 환경을 인지하는 것이다. 지금 내 주변에서 나에게 도움이 되는 것과 해가 되는 것이 무엇인지, 내가 가진 것 중 강점은 무엇이고 약점은 무엇인지를 명확하게 알면 전략은 자연스럽게 나온다. 그런데 많은 사람이 이것을 어려워한다. 자신의 생각과 믿음을 실제와 혼동하기 때문이다.

내가 메타인지를 할 수 있었던 것은 경영학에서 배운 SWOT 분석의 영향이 컸다. SWOT 분석이란 기업을 유지할 때 강점(Strength), 약점(Weakness), 기회(Opportunity), 위협(Threat) 네 가지를 분석하는 방법인데, 그것을 나 자신에게 적용해 본 것이다. 변호사 시험을 준비하며 벽 한쪽에 필름지를 붙여 칠판으로 만든 뒤, 거기에 SWOT 분석을 하고 1월부터 다음 해 1월까지의 계획을 그래프로 그려 넣었다. 각 시기마다 무엇을 할지, 어떤 목표를 이룰지 모두 적어 두고, 공부하다 힘들어질 때마다 그 벽을 바라봤다.

중간중간 공부하는 모습을 사진으로 남겨 붙이기도 했다. 지금은 초라해 보일지 몰라도, 그 초라한 모습이 나의 전부가 아니라는 것을 스스로에게 상기시키고 싶었다. 기특한 계획과 꿈을 품고 있다는 사실을 잊지 않으려 했다. 방송을 하면서도 늘 같은 이야기를 했다. 공부하는 사람은 대접받아야 한다고, 당장은 이기적으로 비춰지더라도 스스로를 위해 후회 없이 입시에 전념하여, 입시 기간을 줄이고 빨리 사회에 나가 역할을 하는 것이 결국 자신과 가족 모두를 위한 일이라고 했다.

남들 돈 벌 때 부모님께 밥을 얻어먹는 자신이 이기적으로 느껴질 수 있지만, 그 시간은 오히려 자기 자신과 가족을 위해 더 큰 준비를 하는 시간이라고, 누구보다 숭고한 일을 하고 있다고 구독자들과 스스로를 다독였다. 윤동주 시인의 <자화상>처럼, 지금의 모습이 초라해 보일지라도, 나는 초라한 사람이 아니라고 끊임없이 최면을 걸었다. 그렇게 스스로를 설득하고 다독이며, 하루하루를 버텼다.

스튜디오 샤 출연

앞서 언급했듯이 스튜디오 샤는 2018년에 벤처경영학과에서 시작한 창업 과제였다. 창업 멤버 중 한 명이었던 나는 로스쿨에 진학하면서 이 일을 정리했지만, 그때 함께 일하던 후배들은 여전히 채널 운영을 이어 가고 있었다. 로스쿨에서는 공부에만 집중하다 보니 점점 이 일과 멀어졌는데, 우울증과 공황장애가 심해지던 로스쿨 2학년 말 무렵 다시 스튜디오 샤 촬영을 하게 되었다.

학교를 오래 다닌 사람을 알고 있으면 소개해 달라는 후배들의 부탁에, 나도 10년째 학교를 다닌 터라 촬영에 도움이 될 수 있을 것이라는 생각이 들었다. 그래서 오랜만에 메이크업도 받고 소품도 준비해서 방송 촬영을 하게 됐다. 하지만 촬영하는 동안에도 심리적으로 많이 불안하고 힘들었다.

창업 멤버들은 평소에는 경영에만 전념하여 현장에는 따로 오지 않았지만, 그날만큼은 친구들에게 내 앞에 있어 달라고 했다. 모르는 사람들과 함께 있으면 불안하다고 느꼈기 때문이다. 그들은 촬영 과정을 곁에서 지켜봐 주었고, 나는 그 앞에서 자연스럽게 이야기할 수 있었다.

촬영을 마친 후 채널에 내 영상이 올라갔고, 예쁘게 나온 내 모습을 보는 것이 꽤 즐거웠다. 공부하다 우울할 때면 그 영상을 보며 다시금 힘을 얻었다. 나의 모습을 촬영하여 영상으로 남기는 것이 내게 큰 즐거움이라는 것을 새삼 깨달았다. 유튜브를 시작하게 된 것도 같은 이유였다. 나는 원래 이런 활동을 좋아하는 사람이었으니까.

8장

인생 2막

마지막 입시, 그리고 안도

합격 소감은 한마디로 '겨우 살았다'는 느낌이었다. 리트나 수능은 점수를 잘 받을수록 좋은 시험이지만, 변호사 시험은 냉정하게 말하면 점수를 높게 받을 필요는 없다. 높은 성적으로 합격한다고 해서 큰 보상이 이루어지지 않고, 오직 합격 여부만이 중요하다. 그때의 나는 시험에서 떨어지면 정말로 큰일이 나는 상황에 놓여 있었다.

합격 발표는 4월에 나오는데, 이미 3월부터 로펌에 출근을 시작했다. 로펌에 취업할 정도의 사람들은 대부분 합격할 거라는 믿음이 있어서 회사에서는 3월부터 출근을 시키고, 함께 일하게 될 사람들과의 관계도 4월에는 이미 다 형성된다. 게다가 나는 그 시기에 결혼 준비를 하며 상견례까지 마친 상태였다. 당시 처가 역시 변호사가 많은 집안이라 불합격이 용납되지 않는 분위기였다.

결혼 준비와 회사 생활이 동시에 진행되고 있었고, 3월에 첫 월급을 받아 사 준 여동생의 차 할부금도 매달 갚아 나가야 했다. 만약 그 시점에서 시험에 떨어진다면, 모든 것이 한꺼번에 무너질 수밖에 없는 상황이었다. 그래서 합격 소식을 들었을 때, 기쁨보다 '정말 다행이다'라는 안도감이 더 컸다.

당연히 붙을 거라는 생각은 전혀 들지 않았다. 물론 그런 생각을 하는 사람도 있겠지만, 막상 그 순간이 되면 누구나 불안하고 긴장감이 극에 달하게 된다. 아무리 쉬운 시험이라도 결과 발표를 앞둔 순간만큼은 불안할 수밖에 없다.

이 시험이 인생의 마지막 입시가 되어야 했다. 앞으로는 다시는 입시를 치르고 싶지 않았다. 변호사 시험을 준비하면서는 특별한 과목별 공부법이나 시간 관리 팁 같은 것은 없었다. 그저 버티고 끝까지 포기하지 않는 것, 그게 전부였다. 그렇게 가까스로 변호사가 되었다.

입시의 악몽과 선택

로스쿨 생활을 돌아보면, 나도 사람인데 그렇게까지 공부만 하진 말았어야 한다는 생각도 든다. 심리적으로 무너졌던 이유는 오로지 공부에만 매달렸고, 공부하지 않을 때는 할 수 있는 게 없어서였다. 한 번 멘탈이 흔들리자 그동안 쌓아 온 모든 것이 한순간에 무너졌다. 물론 너무 나태하게 놀기만 했다면 또 다른 문제가 생겼겠지만, 일주일에 하루나 이틀 정도는 운동도 하고, 음악을 듣거나 공연을 보는 시간을 가질 수 있었을 텐데, 조바심이 너무 커서 스스로 그런 여유조차 허락하지 않았다. 적당히, 일주일에 한 번쯤은 휴식을 주는 것이 필요했다는 생각이 든다.

변호사 시험을 준비하면서 포기해야 했던 것 중 가장 아쉬운 것은 친구들과 함께하는 20대의 추억이다. 친구들은 대학 시절 삼삼오오 배낭여행을 다녀오기도 하며 함께 자유로운 시간을 보냈다. 지금은 내게도 시간이 생겼지만, 친구들은 이미 각자의 삶을 살아가고 있다. 누군가는 아빠가 되었고, 누군가는 바쁜 직장인이 되어 더 이상 함께 여행을 떠나기는 어렵게 되었다. 그런 점이 가장 아쉽다. 운동 역시 마찬가지다. 지금은 열심히 하고 있지만, 20대 때 제대로 몸 관리를 하지 못해 건강이 많이 상했고, 지금도 퍼포먼스의 한계를 느낀다.

로스쿨 이후의 진로에는 여러 가지가 있다. 검찰을 준비할 수 있는 시기는 2학년 2학기에서 3학년 1학기 사이지만, 그 시기에는 심리적으로 너무 힘들어 준비할 엄두가 나지 않았다. 대기업에서 일하는 변호사는 몸은 편할 수 있지만 월급이 많지 않고, 변호사로서 전문지식을 충분히 활용할 수 없는 생활이라는 생각이 들었다. 그리고 그런 환경은 나와 맞지 않는다고 느꼈다. 오히려 개업해서 내 이름으로 변호사 생활을 해 보고 싶다는 마음이 더 컸다. 자유롭게 일하고, 스스로의 방식으로 삶을 꾸려 가는 것에 더 끌렸다.

재판연구원(로클럭)도 크게 고려하지 않았다. 보통 판사나 법조계 엘리트 코스를 꿈꾸는 사람들이 한 번쯤은 고려하는 길이지만, 나는 그런 쪽에 별로 관심이 없었다. 자유로운 삶을 지향하는 성향이 강했고, 정해진 틀 안에서 움직이는 것보다 내 방식대로 살아가는 쪽이 더 잘 맞았다. 여러 선택지가 있었지만, 결국 나에게 맞는 길은 스스로 새로운 삶의 방식을 만들어 가는 변호사의 삶이었다.

졸업할 때 부모님께서는 고생했다며 하고 싶은 일을 하며 살라는 말을 해 주셨다. 원래 꿈은 지금처럼 작은 사무실을 차려 내가 원하는 일을 하며 살아가는 것이었다. 그런데 변호사 시험을 보기 6개월 전쯤 생긴 당시의 연인은 대형 로펌에 가지 않으면 만날 수 없겠다는 이야기를 했다. 연인이기 전에 법조계 선배이니 그렇게 말하는 나름의 이유가 있었을 거라는 생각이 들었다. 그때는 그 사람이 중요했고, 개업이나 독립은 언제든 할 수 있다고 생각했다. 그래서 3학년 때 시험을 두 달 앞두고 율촌이라는 로펌에 지원해 뒤늦게 면접을 보고 합격했다. 시험이 끝나고 그곳에서 변호사 생활을 시작했다. 그 시기에는 결혼을 준비하고 있었기 때문에, 남다른 꿈이 있었다기보다는 율촌에서 일하며 가정을 잘 꾸리고, 좋은 아빠가 되고 싶다는 생각뿐이었다.

첫 출근, 어른이 된다는 것

처음 율촌에 출근하던 날, 파르나스 타워라는 멋진 건물에 들어서면서 모든 것이 새롭게 느껴졌다. 코엑스 근처 파르나스 타워에 자리한 율촌은 아마 국내 로펌 중에서도 가장 일하기 좋은 환경을 갖춘 곳 중 하나일 것이다. '학생'으로 불리던 시절을 지나 이제는 전화 한 통에도 '변호사님'이라는 호칭이 따라붙고, 법인카드와 법인폰이 지급되는 것이 마치 어른이 된 것만 같았다. 39층에서 내려다보는 서울 전경도 인상적이었다. 주말에 어머니를 데려와 "나 이런 데서 일한다"고 자랑하니, 감격해서 눈물을 흘리셨다. 그때는 모든 것이 신기

하고 즐거웠다.

처음 맡은 일도 흥미로웠다. 기업 법무팀에서 일하면서, 예전에 스타트업을 하며 고민했던 경험들이 실제로 기업을 도와주는 일과 연결되니 재미가 컸다. 하지만 시간이 지나면서 힘든 점도 많아졌다. 야근과 주말 출근이 잦았고, 회사에서는 일만 잘한다고 끝나는 것이 아니었다. 복장이나 태도, 평소 관심사까지도 모두 평가의 대상이 되었다. SNS를 화려하게 운영하거나, 패션에 조금만 개성을 드러내도 금세 사람들의 입에 올랐다. 그런 분위기가 답답하게 느껴졌다. 게다가 결혼 생활도 순탄하지 않아, 그 시기에는 몸과 마음이 모두 지쳐 갔다.

하지만 율촌에서 배운 것 중 가장 기억에 남는 한 가지가 있다면 바로 실무적인 소통 방식이다. 글쓰기 스킬이나 프레젠테이션 스킬은 사실 두 번째 문제다. 법률 서비스는 결국 고객으로부터 필요한 자료가 나오기 때문에 필요한 정보를 항목별로 나누어 고객에게 구체적으로 요청하는 것이 가장 중요하다. "상황을 알려 달라"는 식으로 두루뭉술하게 물으면, 고객은 중요한 이야기를 빼먹거나, 불필요한 이야기를 너무 장황하게 설명하거나, 핵심을 놓치는 경우가 많다. 하지만 1번부터 100번까지 필요한 항목을 체계적으로 정리해 요청하면, 고객도 명확하게 자료를 준비해 주고 일도 훨씬 수월해진다. 이런 식의 소통법을 대형 로펌에서 체계적으로 배운 경험은 지금도 큰 도움이 되고 있다.

변호사가 되고 나서 가장 크게 달라진 점이 있다면, 상대해야 할 어른들이 훨씬 많아졌다는 것이다. 학생일 때는 또래나 나이 차이가 크게 나지 않는 선배들과 어울리는 일이 대부분이었지만, 변호사가 되고 나니 만나는 사람 열 명 중 여덟은 50대, 60대 이상의 어른들이다. 스타트업을 경영하는 친구들 이야기를 들어보면 그쪽은 열 명 중 두세 명이 그 정도 연령대인데, 이쪽은 비율이 완전히 다르다.

처음 만나는 젊은 변호사에게 그분들은 귀엽다는 듯이 가볍게 말을 던진다. 그럴 때 어떻게 반응하느냐에 따라 앞으로의 관계가 달라진다. 내 의견이 옳다면, 그 자리에서 당당하게 전문성을 드러내야 한다. 회사 중역들처럼 아무리 나이가 많고 사회 경험이 풍부한 사람이더라도 법에 관해서만큼은 내가 전문가라는 점을 명확히 보여 주어야 신뢰가 훨씬 더 두터워진다. 반대로 그냥 어린애처럼 행동하면, "역시 어린애는 어린애구나" 하며 쉽게 넘겨 버린다.

이런 점이 학생 시절과는 확실히 다른 부분이다. 나이와 경력에서 오는 벽은 있지만, 사람들은 전문성을 기대한다. 젊은 변호사에게 필요한 것은 나이에 주눅 들지 않고 자신의 전문성을 자신 있게 내보이는 태도라는 점을 알게 되었다. 그리고 그렇게 할 때 진짜 신뢰가 쌓인다.

나를 가르친 특별한 사건들

큰 로펌에서 일할 때는 수백억, 수천억 원 규모의 기업 사건을 다루며 그런 일에만 의미를 둘 줄 알았다. 하지만 지금은 몇천만 원, 때로는 몇백만 원짜리 사건이라도, 그 돈이 한 사람의 삶에 얼마나 큰 의미인지 생각하며 사건을 다루게 되었다. 그래서 오히려 지금 하는 일에서 더 큰 보람을 느끼고, 사건의 크기와 상관없이 누군가의 인생을 지키는 일에서 진짜 의미를 찾고 있다.

최근 경기 악화로 사기 사건이 부쩍 늘었다. 사실 지금 드러나는 사기 범죄 대부분은 이미 5년, 10년 전에 시작된 일이다. 예를 들어 폰지 사기나 리딩방 사기 같은 경우, 주가가 오를 때는 피해자들도 사기인지 인식하지 못하다가, 주가가 폭락하고 돈을 돌려받지 못하면서 뒤늦게 사기 피해임을 깨닫게 된다. 예전에는 그런 피해자들을 보며 '욕심을 좀 덜 부렸으면' 하고 생각했지만, 실제로 사건을 맡아 보면 정직하게 살아온 평범한 사람들이 경제적으로 무너지는 모습을 직접 목격하게 된다. 그들의 사연을 듣다 보면 마음이 아프다.

이런 사건을 맡으면, 우선 "이미 사기를 당한 거니, 그 돈은 없다고 생각하라"고 현실을 직시하게 한다. 대신 믿고 맡기면 1년이든 2년이든 끝까지 찾아 주겠다고 약속한다. 실제로 오랜 추적 끝에 원금과 이자를 돌려받은 적도 있다. 당시의 의뢰인은 로또에 당첨된 것 같이 기뻐했다. 성실하고 정직하게 살아온 사람들이 이런 일을 겪을 때면 마음이 아프지만 해결한 뒤의 보람은 더욱 크다.

특히 기억에 남는 사건들이 있다. 자동차 딜러였던 한 의뢰인은 차를 사려는 고객에게 돈을 빌려줬다가, 고객이 자취를 감추는 바람에 큰 피해를 입었다. 딜러 입장에서는 그해의 실적을 채우기 위해 고객이 차를 사게 하려고 어쩔 수 없이 돈을 빌려줬던 것인데, 고객은 차를 받은 뒤 그것을 곧바로 중고로 팔아 버렸다. 갓 결혼해 곧 태어날 아이를 기다리던 의뢰인에게는 청천벽력 같은 일이었고, 회사도 회사 이미지를 이유로 딜러에게 아무런 도움을 주지 않았다.

고객에게 이 사건이 명백한 사기임을 설명하고, 민사소송과 형사고소, 계좌 가압류를 동시에 진행했다. 결국 원금과 이자를 모두 돌려받았고, 의뢰인은 태어날 아이와 함께 살 집을 지킬 수 있었다.

또 다른 사건은 이혼 후 양육권을 가진 남편과 시어머니가 아이를 학대한 경우였다. 이혼은 부부의 선택이지만, 어머니를 잃은 아이가 아버지와 할머니에게 지속적으로 폭행까지 당한다는 사실에 분노가 치밀었다. 양육자 변경 신청과 함께 아동학대, 폭행으로 고소를 진행했고, 결국 아이를 위험한 환경에서 벗어나게 할 수 있었다. 지저분

한 과정이 많았지만, 아이를 지켜 냈다는 점에서 큰 의미가 있었다.

　의뢰인은 변호사에게 돈을 지불하는 고객이지만, 그렇다고 일방적인 갑을관계라고 말할 수는 없다. 마치 학창 시절 담임선생님을 대하듯, 공손하게 어린 변호사의 말에도 귀 기울이고 조언하는 대로 즉각 결정하는 분들도 있다. 뿌듯하기도 하지만 한편으로는 내 말 한마디에 이 사람이 일생일대의 결정을 한다는 것이 부담스러울 때도 많다. 그럴 때마다 다시 한번 고객의 입장에서 진지하게 고민해 최적의 조언을 해야겠다는 생각을 하곤 한다.

변호사에 대한 오해

　변호사로 일하며 자주 마주하는 오해는 '변호사는 모든 법을 다 알고 있다'는 믿음이다. 그래서 지인들이 아무 때나 연락해 본인의 상황을 툭툭 묻는 일이 많다. 하지만 실제로는 아주 간단한 일을 제외하고는 변호사도 구체적인 사안에 대해 시간을 들여 연구하고 조사해야만 정확한 조언을 할 수 있다. 변호사에게 그 시간은 곧 비용이기도 하다.

직업적으로 가장 스트레스를 받는 부분은 의뢰인이 변호사보다 훨씬 더 절실하다는 사실에서 비롯된다. 사건에 대해 이미 많은 조사를 하고 오는 경우도 많고, 인터넷에 떠도는 정보나 타 로펌의 광고성 글, 이미 바뀐 법령, 혹은 전문성이 없는 이들이 쓴 단편적인 경험담을 바탕으로 자신만의 확신을 갖고 변호사를 찾아오는 경우도 있다.

문제는 이런 정보가 상당수 잘못되었다는 점이다. 아무리 잘못된 정보임을 설명해도 믿지 않고 오히려 화를 내거나 고집을 부리는 의뢰인을 만날 때면 변호사 입장에서는 답답할 수밖에 없다. 결국 그 결과는 의뢰인 본인에게 돌이킬 수 없는 손해로 돌아온다. 그 과정에서 느끼는 답답함과 스트레스가 결코 적지 않다. 그래도 결국 중요한 것은 진심이 담긴 정확한 조언과 신뢰를 형성하도록 노력하여 의뢰인에게 실질적인 도움을 주는 일일 것이다.

또 오해가 많은 영역 중 하나는 변호사의 전문 분야에 관한 부분이다. 이혼 전문 변호사든 기업 전문 변호사든, 변호사 본인이 전문 분야를 결정하기도 하지만 그렇지 않은 경우도 많다. 특정 분야의 일을 많이 해 보고 싶다고 생각해도 대형 로펌에 들어가면 회사에서 부서를 정해 주는 경우가 대부분이다. 이때 어느 부서로 배정받느냐에 따라 자연스럽게 자신의 전문 분야가 만들어진다. 오래 일하다 보면 그 분야의 경험이 쌓이고, 그 경험이 곧 전문성이 된다.

전문 분야를 정할 때 적성과 흥미가 중요하냐는 질문도 자주 받는다. 물론 적성이 전혀 고려되지 않는 것은 아니다. 하지만 기업가적인 성향의 사람이라고 해서 기업 전문 변호사가 되는 것이 아니라, 기업이라는 소재를 다룰 뿐 결국 변호사 일을 하게 되는 것이다. 기업 전문이든, 형사 전문이든, 이혼 전문이든, 결국 꼼꼼하게 일하는 변호사라는 점에서는 성향이 크게 다르지 않다. 회사 입장에서도 굳이 성향에 따라 분야를 나눠 줄 필요성을 느끼지 않는다. 실제로 현장에서 일하다 보면 변호사 본인이 큰 재미를 느끼지 못하는 분야였더라도 관련 사건을 많이 맡으면서 자연스럽게 전문성을 쌓아 가는 모습을 자주 보게 된다.

개인의 흥미도 마찬가지다. 축구를 좋아해서 축구 선수 전문 변호사가 되고 싶다고 해도 갑자기 손흥민 같은 선수가 찾아오는 것은 아니다. 변호사에게 중요한 것은 '내가 좋아하는 분야인지'가 아니라 '내가 팔리는 분야인지'이다. 시장에서 내가 팔리지 않으면 아무리 그 분야를 좋아해도 실제로 그 일을 맡을 수 없다. 자신이 좋아하는 분야만 고집하다 보면 일거리가 없는 변호사가 될 수도 있다. 그러니 행복하게 이 일을 하기 위해서는 자신이 선호하지 않는 분야라 하더라도 그 안에서 의미를 찾으며 '변호사'라는 일 자체에 집중하는 마인드컨트롤이 필요하다.

나만의 커리어, 나만의 인연

최근에는 변호사 수가 기하급수적으로 늘어나면서 변호사들이 진출하는 산업도 다양해졌고, 일하는 방식 역시 각양각색이다. 내성적인 사람, 외향적인 사람, 이성적인 사람, 감성적인 사람 모두 각자의 성향에 맞는 자리와 방법을 찾아 최고의 퍼포먼스를 낼 수 있다.

나의 경우, 직접 겪지 않은 일에는 공감이 어렵지만, 경험한 일에는 누구보다 깊이 공감할 수 있다. 그래서 개인적인 경험과 관련이 있거나 가까이에서 지켜본 사건들은 특히 잘 처리되곤 한다. 직접 겪어봤던 이혼, 기업법무, 채권추심 등은 단순한 송무나 법적 자문을 넘어 실무적으로 고객에게 꼭 필요한 종합적인 솔루션을 제공하기가 한층 수월하다.

그렇기 때문에 경험의 폭을 더욱 넓히기 위해서 다양한 활동을 하고, 여러 사람과 관계를 맺으며 그들로부터 배우려고 노력하고 있다. 그 덕분에 '격투기 하는 변호사', '아이언맨 변호사', '노래하는 변호사', '디제잉하는 변호사' 등 다양한 별칭이 붙었고, 각 분야 커뮤니티에서 자연스럽게 사람들과 가까워질 수 있었다. 그렇게 쌓인 인연들이 변호사로서의 일에도 큰 도움이 됐다.

변호사로서 네트워킹이 얼마나 중요한지에 대한 내 생각은 남들과 조금 다르다. 물론 변호사로 성공하려면 많은 사람의 도움이 필요하지만, 네트워킹을 목적으로 사람을 만나기 시작한다면 진짜 인연이 되기 어렵다고 생각한다.

오히려 내가 좋아하는 일을 진심으로 꾸준히 하다 보면, 그 모습을 보고 자연스럽게 친해지는 사람들이 생긴다. MMA 체육관에서 운동하고, 격투기 대회에 출전하고, 철인 3종 경기와 호주에서 열린 아이언맨 풀코스를 완주하면서 좋아하는 일을 해 오다 보니 관심사가 맞는 사람들을 여럿 만났다. 그렇게 맺어진 관계는 '인맥'이나 '네트워크'가 아니라 '친구'가 된다. 친구는 내가 잘되길 진심으로 응원하고, 필요할 때 진짜로 힘이 되어 준다. 주변 사람들과 차근히 쌓아 올린 신뢰와 우정이야말로 결국 커리어의 든든한 자산이 아닐까? 변호사로서의 커리어는 단순히 법률 지식이나 실적만으로 쌓이는 것이 아니라, 나다운 삶과 진심이 녹아든 관계 속에서 자연스럽게 확장된다고 생각한다.

이혼이라는 전환점

내 삶에서 이혼은 빼놓을 수 없는 사건이다. 내 결혼 생활은 혼인신고도 하지 않은 채 6개월도 되지 않아 끝이 났다. 주변 사람들은 모두 알고 있었지만, 공식적으로 알리기엔 애매한 상황이었다. 이혼 소식은 결혼처럼 청첩장을 돌리며 전할 수도 없는 노릇이기에 그저 프로필 사진을 정리하는 정도로 조용히 처리할 뿐이었다. 그러다 보니 오랜만에 연락이 닿는 사람마다 결혼 생활은 어떠냐고 물었고, 그때마다 이혼을 알리곤 했다.

나는 아무렇지 않게 이야기할 수 있었지만, 정작 힘든 건 부모님이었다. 부모님 역시 친구들을 만나면 '아들은 결혼해서 잘 사냐'는 이야기를 듣고, '손주는 언제 보냐'는 질문도 들으셨다. 부모님이 주변의 시선을 의식하며 괜히 고개를 숙이고 다니는 모습을 보는 것이 힘들었다. 다른 사람들의 선입견이나 편견은 잠깐 기분 나쁜 정도로 끝나지만, 부모님이 무슨 잘못을 했다고 고개를 들지 못하고 다녀야 하는지 생각하면 마음이 복잡했다. 그럴수록 부모님과 함께하는 시간을 늘리려고 노력했다. 저녁을 같이 먹고, 자주 함께 시간을 보내면서 대화를 많이 나누다 보니 부모님이 생각보다 단단한 분들이라는 것을 알게 되었고, 그 과정에서 위안을 얻었다.

이혼 이후 혼자 살게 되었지만, 언젠가 다시 누군가를 만나고 싶다는 생각은 늘 있었다. 하지만 주변에는 이혼 경험이 있는 친구가 없었고, 새로운 사람을 소개받아 만남을 시작하기도 쉽지 않았다. 그리고 언젠가 누군가를 만나게 되더라도 그때마다 이혼 사실을 밝혀야 한다는 부담감이 컸다. 그래서 한 번에 많은 사람에게 이혼했다는 사실을 알리고 싶었고, 나와 비슷한 경험을 한 사람들을 만나면 서로 쉽게 이해하고 가까워질 수 있을 것 같아 '돌싱글즈'에 출연하게 됐다.

이혼을 겪으며 가장 힘들었던 일을 꼽자면 결혼 생활 그 자체였다. 이혼은 결혼 생활이 너무 힘들었기 때문에 내린 결정이었다. 결혼 생활이 힘들어 밤잠을 이루지 못하고, 몸도 계속 상하면서 일도 제대로 할 수 없었다. 정신적으로 힘들었고, 집중하려 해도 퍼포먼스가 나와 주지 않았다. 회사에 공식적으로 이혼을 알리지는 않았지만 소식은 자연스럽게 퍼지게 되었다. 동료들은 이혼 때문에 내가 제대로 일할 수 없는 상태라고 보았고, 회사에서의 입지는 점점 악화되었다.

나로서는 회사에 더 있고 싶었지만, 성과가 나오지 않아 재계약이 불투명해졌다. 결혼할 당시에는 배우자도 변호사이니 서로에게 도움이 될 거라 생각했고 좋은 회사에서 잘 배워 법조인으로 성장할 수 있을 거라 믿었지만, 한순간에 모든 것이 사라졌다. 이제 남은 것은 내 몸뚱아리와 변호사 자격증 하나뿐이라는 생각에 두려움이 컸다

돌이켜 보면 로펌에 더 오래 다녔으면 어땠을까 하는 생각도 든다. 사실 로펌 운영에 필요한 것은 2년을 다니나 20년을 다니나 크게 다르지 않고, 이미 궤도에 오른 회사에서는 배울 수 없는 것들이 더 많다는 측면도 있다. 다만 그곳에서 더 오래 있었다면 좀 더 다양한 고객들을 만날 수 있었겠다는 아쉬움은 남는다. 그러나 지금 내가 익혀 나가고 있는 여러 가지 세세한 운영 방법은 누구에게도 배울 수 없는 부분이다.

이혼 경험은 변호사로서의 일에도 많은 영향을 미쳤다. 율촌에 있을 때는 주로 기업 업무를 했지만, 개업 후에는 이혼 사건을 많이 맡게 되었다. 한번은 재산 분할이나 위자료 청구를 두고 "지금은 아무 생각도 하기 싫으니 그냥 끝내 달라"는 의뢰인에게, 위자료를 받지 않으면 다음에 만나는 사람에게 오히려 내가 유책배우자라는 오해를 살 수 있다는 조언을 해 준 적이 있다. 이혼 후 자녀를 키우고 새롭게 삶을 시작하기 위해서는 힘들더라도 필요한 절차를 밟아야 한다는 점을 설득했다. 직접 겪어 본 경험 덕분에 단순히 법적 절차만 설명하는 것을 넘어 현실적이고 의뢰인의 마음에 와닿는 조언을 해 줄 수 있게 된 것이다.

Q1 ✦ 평소 하루 일과는 어떻게 되나요?

대부분의 개업 변호사는 아침에 일어나면 가장 먼저 달력을 확인할 것이다. 어쏘 변호사 시절의 나는 달랐다. 아침에 눈을 뜨자마자 서둘러 사무실로 달려가야 했다. 밤새 쏟아져 들어온 메일을 확인하고, 오늘 처리해야 할 업무를 투두리스트에 빼곡히 적어 내려가다 보면 하루가 시작되었다. 그리고 그 리스트를 한 줄씩 지워 가며 밤늦게까지 책상 앞을 지켰다. 시간은 어느새 자정이 훌쩍 넘어 있기 일쑤였고, 나의 일정을 주체적으로 관리한다기보다는 파트너 변호사나 고객의 일정을 따라 움직이며 하루를 버텨 낸 날들이었다.

개업을 하고 가장 크게 달라진 점은 간단하다. 이제는 다른 사람의 일정이 아니라 나의 계획, 나의 일정이 중심이 된다는 것이다. 아침에 눈을 뜨면 하루의 일정을 훑어보고 대략적인 동선을 짠다. 그리고 곧장 옷방으로 향해 옷을 고른다. 옷차림은 크게 외근이 있는 날과 없는 날로 나뉜다. 법원이나 검찰청, 경찰서에 출석해야 하는 날에는 정장을 챙기고, 외근이 없는 날에는 옷장 맨 앞에 걸려 있는 셔츠와 바지를 캐리어에 담는다.

그다음은 운동이다. 지방 일정이 있거나 골프 약속이 잡힌 날이 아니면, 아침 6시 반에 시작하는 비커스런 러닝 클래스에 참여한다. 운동복으로 갈아입고 땀을 흘리며 간밤의 야식을 정리한다. 러닝을 마치고 샤워를 한 뒤 캐리어에서 꺼낸 옷으로 갈아입으면 비로소 하루가 본격적으로 시작된다.

외근이 있는 날에는 대부분의 시간을 차에서 보낸다. 법원 재판이든, 경찰 조사 입회든 정작 본 업무는 한두 시간 남짓이면 끝나는 경우가 많지만, 이동에는 서너 시간이 걸린다. 차 안에서는 보통 고객들과 통화 상담을 하거나, 전달받은 사항을 사무실의 어쏘 변호사나 직원들에게 지시한다. 가끔은 업무가 너무 많을 때 기사를 고용해 이동 중에 노트북으로 서류 작업을 하기도 한다. 피곤한 여정이지만, 덕분에 얻는 즐거움도 있다. 서울 강남구에만 갇혀 살던 시절과 달리, 이제는 서울 근교의 크고 작은 도시들을 자주 드나든다. 길 가다 우연히 발견한 식당이 뜻밖의 단골집이 되기도 하고, 창밖 풍경 속에서 새로운 집과 동네를 발견하는 재미도 있다.

아이러니하게도 외근이 잦아지면서 부모님을 오히려 더 자주 뵙게 되었다. 부모님은 주유소를 운영하시는데, 차에 기름이 떨어지면 자연스레 부모님 댁으로 향하게 된다. 덕분에 예전에는 일부러 시간을 내야만 뵐 수 있었던 부모님을, 이제는 일주일에 두 번 이상 찾아뵙는 것이 일상이 되었다. "차라리 분가를 하지 말 걸" 하는 생각이 들 정도로 자주 드나들다 보니, 결국 부모님 댁 근처로 이사까지 계획하게 되었다.

외근이 있는 날은 저녁에 집에 돌아와 옷을 갈아입고 요가를 한다. 하루 종일 운전하느라 뒤틀린 몸을 풀어 주고 나면 금세 잠이 든다. 반대로 외근이 없는 날에는 아침 운동을 조금 더 즐긴다. 러닝 클래스를 마치고 사무실 옆 헬스장에서 웨이트 트레이닝을 하거나 밀린 골프 연습을 챙긴다. 운동 후에는 점심까지 해결하고 사무실로 향한다. 외근을 며칠 다녀오고 나면 책상 위에는 신문과 우편물이 가득 쌓여 있고, 그것들을 정리하고 밀린 결재를 처리하는 것이 우선이다. 그다음에는 동료 변호사들에게 새로운 사건을 배당하고 사건 진행 회의를 하며 사무실에서의 하루를 이어 간다.

저녁에는 약속이 이어진다. 고객 미팅이 자주 있지는 않지만, 주기적인 모임이나 오랜만에 만나는 사람들이 많아졌다. 나는 술을 마시지 않기 때문에 대부분 저녁 식사로 일정을 마무리한다. 그래서 서울의 맛집 리스트를 따로 정리해 두고, 그 리스트를 따라다니는 재미도 있다. 운동량은 늘었지만, 저녁 약속 덕분에 체중은 좀처럼 줄지 않고 있다(웃음).

하루가 끝나면 TV 드라마를 보며 잠든다. 드라마 보기는 오래된 취미인데, 요즘은 '서초동'이나 '에스콰이어' 같은 법정 드라마를 챙겨 본다. 현실의 변호사와는 동떨어진 캐릭터들이지만, 법정 드라마는 언제나 인기다. 상담을 하다 보면 상당수의 고객이 드라마로 변호사를 처음 접하고, 드라마 속 인물의 성격과 능력을 현실의 변호사에게도 기대한다. 그래서 나는 드라마를 보며 단순한 오락을 넘어, 고객들이 변호사에게 기대하는 '트렌드'를 읽어 내려 한다. 나의 하루가 그렇게 마무리된다.

Q2 ✦ 민사 사건과 형사 사건의 기본 개념은 무엇인가요? 두 사건의 수임료에는 차이가 있나요?

　개업 후 지인들과 만나서 이야기를 하다 보면 가장 많이 듣는 질문 중 하나가 "민사와 형사의 차이가 뭐예요?"이다. 법을 전공한 나에게는 너무 당연한 구분이지만, 비전공자들에게는 그리 쉽지 않은 문제다. 사람들은 보통 법정 드라마 속 장면을 떠올리는데, 현실의 법적 절차를 압축적이고 극적으로 표현하려는 드라마에서는 민사와 형사가 뒤섞여 나오기도 해서 혼란이 더 심한 것 같다.

　민사 사건은 한마디로 사람과 사람 사이의 이해관계를 다루는 일이다. 돈을 빌려주고 못 받은 경우, 계약대로 이행이 되지 않은 경우, 부동산 소유권을 둘러싼 다툼, 주식회사 안에서 벌어지는 주주 간 분쟁까지 모두 민사의 영역에 속한다. 결국 누가 권리를 가지고 있고, 그 권리를 어떻게 지켜 줄 것인가를 따지는 문제다.

　반면 형사 사건은 성격이 다르다. 누군가가 저지른 죄를 국가가 개입해 처벌하는 절차이기 때문에, 관계는 '개인 대 개인'이 아니라 '국가 대 피의자/피고인'의 구도로 바뀐다. 폭행, 사기, 절도, 횡령 같은 사건들이 대표적이다.

　수임료 구조도 이 차이를 고스란히 반영한다. 민사 사건의 수임료
는 보통 착수금과 성공보수금으로 나뉜다. 소송 가액이 기준이 되기
때문에, 사건의 규모가 클수록 착수금도 높고, 승소했을 때 받는 보
수도 커진다. 예를 들어 1억 원짜리 사건과 100억 원짜리 사건의 변
호사 보수가 같을 수는 없는 것이다. 그래서 민사 사건에서는 변호사
가 사건의 경제적 크기를 꼼꼼히 살펴보고 보수를 산정한다.

　형사 사건은 조금 다르다. 사건의 성패를 단순히 '얼마를 받았다,
못 받았다'로 나눌 수 없다. 대신 결과가 징역이나 자격 상실 등 무거
운 판결로 직결되기 때문에 착수금이 상대적으로 높은 편이다. 또한,
우리 법에서 형사 사건에서의 성공보수는 금지하고 있어 착수금이
비교적 높게 책정되는 경향도 있다. 수임료는 의뢰인이 수사받고 있
는 범죄의 유형이 어떤 것이고 형량이 얼마만큼 세게 책정되어 있는
지, 이에 따른 변호사의 업무 수행 난이도가 얼마나 큰지를 종합적으
로 고려하여 결정된다. 결국 형사 사건의 수임료는 '얼마의 돈이 걸
려 있느냐'가 아니라 '얼마만큼의 자유와 명예가 걸려 있느냐'에 따

라 책정되는 셈이다.

개업 이후 실제로 체감하는 것은, 민사 사건은 상대적으로 긴 호흡의 싸움이고, 형사 사건은 한순간의 결과가 너무나 무겁다는 점이다. 민사에서는 시간과 자금이 문제라면, 형사에서는 의뢰인의 삶 전체가 달려 있는 경우가 많다. 그래서 나는 상담할 때 늘 강조한다. 수임료는 단순히 '변호사 비용'이 아니라, 결국 삶을 지키기 위한 투자라고 말이다.

특히 형사 사건은 초동 대응이 무엇보다 중요하다. 처음에 어떻게 대응했느냐가 그 사람의 몇 년, 혹은 평생을 좌우하기도 한다. 그럼에도 불구하고 조금 더 저렴하게 해 보자는 생각으로 경험이 부족한 변호사에게 사건을 맡기거나, "일단 혼자서 진행해 보고 필요할 때 변호사를 쓰자" 하는 마음으로 골든타임을 놓쳐 뒤늦게 후회하는 모습을 많이 보았다.

Q3 ✦ 이혼율이 증가하는 가운데, 이혼 사건들의 공통점은 무엇이며 사건을 맡은 변호사로서 주의해야 할 점은 무엇인가요?

처음 변호사 일을 시작할 때 나는 M&A 전문 변호사로 주로 기업과 관련된 법적 이슈를 다루었다. 그러나 개업을 하고 나니 자연스럽게 이혼 사건 상담을 자주 맡게 되었다. 실제로 내가 이혼한 경험이 있어서인지, 아니면 방송에 출연한 효과인지 모르지만, 나는 또래 다른 남자 변호사들 대비 압도적으로 많은 이혼 사건을 맡고 있다.

처음 이혼 사건을 맡았을 때는 이야기가 너무 다양하고 방대하여 머리가 아팠지만, 이제는 꼭 필요한 내용을 고객에게 요구하고 조리 있게 설명하는 요령이 제법 늘었다. 상담실 문을 열고 들어오는 의뢰인들은 저마다 다른 사연을 안고 오지만, 들여다보면 묘하게 비슷한 패턴이 반복된다. 이혼율이 증가하고 있다는 말이 통계가 아니라 피부로 와닿는 순간이다.

이혼 사건의 공통점 중 하나는 시간이 문제를 더 깊게 만든다는 점이다. 처음 갈등이 생겼을 때 솔직하게 대화하거나 조기에 갈등 조정이 이루어졌다면 굳이 변호사를 찾아올 필요도 없이 훨씬 단순하게 풀릴 수 있는 문제들이 많다. 그러나 대체로 수년간 쌓이고 쌓인 감정이 폭발한 끝에야 이혼을 결심하고 변호사를 찾아온다. 그러다 보니 단순한 재산 분할 문제로 시작한 사건이 양육권, 양육비, 위자료 다툼까지 얽히고설키는 경우가 많다. 결국 이혼 소송은 단순히 법적인 절차가 아니라, 그간의 삶 전체를 정리하는 과정이 되곤 한다.

또 다른 공통점은 돈과 아이 문제다. 대부분의 이혼 사건은 재산 분할과 양육권 다툼으로 귀결된다. 처음 이혼을 결심할 때에는 "돈은 필요 없으니까 이 사람과 갈라서게만 해 달라"는 말을 하는 고객들도 적지 않다. 그렇게 진행한다면 변호사로서는 더할 나위 없이 쉽게 사건을 마무리할 수 있지만, 이혼 사건을 옆에서 많이 지켜본 사람으로서 의뢰인을 다시 한번 설득하게 된다.

대부분은 이혼이 결혼 관계를 끝내는 과정이라고 생각하지만 사실 이혼이라는 것은 새로운 삶을 시작한다는 성격이 더 강하다. 수중에 한 푼도 없이 집에서 나온다거나 위자료로 많은 돈을 주어 인격에 문제가 있는 사람처럼 보이게 되면 새로운 삶을 시작하기가 그만큼 어려워진다. 따라서 고객에게 차근차근 위자료나 재산 분할이 갖고 있는 의미를 설명하고, 조금이라도 유리한 조건으로 의뢰인이 새 삶을 찾을 수 있게끔 최선을 다한다.

돈 문제는 이해관계가 명확해서 비교적 정리하기 쉽지만, 아이 문제는 감정이 앞서다 보니 훨씬 어렵다. 그중에는 진심으로 아이를 위해서 양육권을 주장하기보다는, 단지 상대방을 이기기 위한 수단으로 이용하는 일도 있다. 상담을 하다 보면, "저는 아이를 진심으로 사랑합니다"라는 말 뒤에 숨어 있는 감정이 꼭 순수한 애정만은 아님을 느낄 때가 간혹 있다. 마치 아이를 이혼 과정에서의 하나의 무기로 생각하고 면접교섭을 빌미로 아이와 부모 사이의 만남을 방해하며 싸움을 이어 나가기도 하는데, 그럴 때마다 부모의 불화로 아무 잘못도 없이 상처 입는 아이에게 미안한 마음이 든다.

변호사가 이혼 사건을 맡을 때 가장 주의해야 할 점은 의뢰인의 감정에 휩쓸리지 않는 것이다. 이혼 소송에서는 상대방에 대한 원망, 분노, 슬픔이 복잡하게 얽혀 나오는데, 변호사가 그 감정에 빠져들면 사건을 제대로 이끌 수 없다. 변호사의 역할은 감정을 법률 언어로 번역해 주는 것, 즉 복잡한 사연을 법정에서 설득력 있는 주장이 되도록 정리하는 것이다. 그래서 나는 상담할 때 의뢰인이 감정을 쏟아 낼 수 있도록 충분히 들어 주되, 그 감정의 불필요한 부분은 걸러 내고 핵심만 추려 내는 데 집중한다.

또 하나 중요한 점은 이혼 사건의 경우 '승소'의 개념이 일반 사건들과 조금 다르다는 것이다. 보통 민사 사건에서는 돈을 얼마나 받아 내느냐가 승소의 기준이 되지만, 이혼 사건은 그렇지 않다. 법적으로 이기더라도 마음의 상처가 깊게 남아 평생 아물지 않는 경우가 많다. 그래서 나는 의뢰인에게 늘 말한다. "재판에서 이기는 것도 중요하지만, 이후의 삶을 지켜 내는 것이 더 중요합니다." 변호사가 단순히 소송 대리인에 그치지 않고, 새로운 삶을 시작할 수 있도록 돕는 동반자가 되어야 하는 이유다.

개업 이후 여러 이혼 사건을 경험하면서 확실히 느낀 점이 있다면, 법정에서 판사가 판결을 내리는 순간은 이혼의 끝이 아닌 시작이다. 변호사가 할 일은 판결문 한 장을 받아 내는 것이 아니라, 의뢰인이 무너진 일상에서 다시 걸어 나갈 수 있도록 옆에서 길을 비춰 주는 것이다.

Q4 ✦ 변호사가 사건을 수임하여 재판 절차를 진행하는 과정은 어떻게 되나요?

새로운 사건을 하나 수임하는 순간부터 변호사의 하루는 조금 다른 리듬을 갖게 된다. 의뢰인과 상담을 통해 사건의 개요를 듣고, 계약서를 작성하며 수임이 이루어진다. 여기까지는 겉으로 보기에 단순해 보이지만, 사실 변호사의 머릿속에서는 이미 수많은 가정과 시뮬레이션이 돌아가기 시작한다. 어떤 증거가 필요한지, 상대방이 어떤 논리를 펼칠지, 이 사건의 핵심 쟁점은 무엇이 될지가 그려진다. 그리고는 내가 이 사건을 성공적으로 해결할 수 있을지 없을지에 대한 대략적인 계산도 나온다. 이에 대하여 고객에게 솔직하게 설명하고 나면 고객이 수임 결정을 하고, 본격적으로 사건을 진행하게 된다.

1심 절차는 보통 소장을 제출하는 것으로 시작한다. 민사 사건이라면 소장을 접수하고, 형사 사건이라면 변호인 선임계를 제출한다. 소장이 접수되면 법원은 상대방에게 소장 부본을 송달하고, 답변서가 돌아오면 본격적인 재판 절차가 열린다.

드라마에서는 변호사가 법정에서 거침없이 말하며 사건을 뒤집는 장면이 자주 나오지만, 실제 재판은 대부분 서면 싸움이다. 법원에 제출하는 준비서면에 논리와 증거를 촘촘히 담아야 하고, 재판정에서는 그 서면을 바탕으로 간단히 정리하는 수준의 진술만 이루어진다.

재판은 한 번에 끝나지 않는다. 보통 한 달에 한 번 꼴로 기일이 잡힌다. 법정에 가면 판사가 양측의 주장을 확인하고, 추가 자료 제출을 요구하는 정도에서 끝난다. 실제로는 10분도 안 돼 마무리되는 경우가 많다. 의뢰인들은 드라마처럼 팽팽한 긴장감과 화려한 변론을 기대하지만, 현실은 법정 복도에서 대기하는 시간이 오히려 더 길다.

1심 판결이 내려지면 사건은 일단락되는 듯 보이지만, 패소한 쪽이 항소하면 곧바로 2심이 시작된다. 2심은 1심 기록을 토대로 진행되기 때문에, 새로운 증거가 나오지 않는 한 1심의 연장선처럼 느껴진다. 그래서 변호사 입장에서는 1심에서 이미 사건의 성패가 상당 부분 갈린다고 할 수 있다. 2심 판결이 내려지면 다시 상고 여부를 검토하게 되고, 대법원에 올라가면 주로 법률적 쟁점만 다루게 된다. 보통 사실관계는 1심과 2심에서 거의 확정된다고 보면 된다.

사건을 수임해서 완결하기까지 변호사가 하는 일은 단순히 법정에서 변론하는 것만이 아니다. 서류 작성, 증거 수집, 의뢰인 상담, 전략 논의, 상대방과의 협상 등 수많은 과정이 얽혀 있다. 특히 의뢰인에게 사건의 진행 상황을 이해시키고 불안을 달래는 것도 중요한 역할이다. 법정에서 10분 동안 오간 이야기를 의뢰인에게 두세 시간에 걸쳐 풀어서 설명해야 할 때도 많다.

드라마와 현실의 가장 큰 차이는 아마도 '극적 반전'의 부재일 것이다. 드라마에서는 마지막에 숨겨진 증거 하나가 등장해 모든 판세를 뒤집곤 하지만, 현실 법정에서 그런 일은 거의 없다. 오히려 재판은 차분하고 지루할 만큼 형식적으로 흘러간다. 그러나 그 단조로움 속에서 승패가 갈린다. 변호사가 시간을 들여 한 줄 한 줄 쌓아 올린 서면, 증거, 그리고 끊임없는 상담이 결국 판결문에 반영되는 것이다.

사건을 완결하고 판결문을 받아 고객에게 전달하고 설명을 마치는 순간, 비로소 긴 여정이 끝난다. 하지만 의뢰인 입장에서는 그때부터 새로운 삶이 시작된다. 변호사가 사건을 수임해 판결까지 이르는 전 과정은 결국 한 사람의 삶의 중요한 전환점을 함께 걷는 과정이라고 말할 수 있다.

Q5 ✦ 재판 과정에서 변호사의 주된 업무는 무엇인가요?

드라마 속 변호사는 언제나 법정의 주인공이다. 판사 앞에서 거침없이 변론하고, 증인을 몰아세우며, 극적인 한마디로 판세를 뒤집는 모습이 흔히 그려진다. 하지만 현실의 법정에서 변호사의 역할은 조금 다르다. 주인공이라기보다는 절차의 흐름을 안정적으로 이끌어 가는 조율자에 가깝다.

변호사가 법정에서 하는 가장 중요한 역할은 의뢰인의 주장을 정리해 전달하는 것이다. 의뢰인은 감정에 휘둘리기 쉽고, 하고 싶은 말이 산더미처럼 많다. 그러나 법정은 감정을 쏟아 내는 자리가 아니라, 법과 증거로만 말해야 하는 공간이다. 변호사는 의뢰인의 이야기를 법적 언어로 번역해 판사에게 설득력 있게 전달한다. 그래서 한마디 발언에도 많은 준비가 필요하다.

업무의 방식은 생각보다 단순하다. 먼저 재판 전까지 준비서면을 작성해 제출한다. 이 서면에는 사건의 경과, 주장, 법적 근거, 증거가 차례로 정리되어 있다. 실제 변론 기일에 가면 판사는 보통 그 서면을 기준으로 질문을 던지고, 변호사는 거기에 짧게 보충하는 정도로 발언한다. 10분 안팎으로 끝나는 경우도 흔하다. 드라마처럼 장시간의 치열한 공방은 거의 없다.

하지만 단순하다고 해서 가볍지는 않다. 판사에게 어떻게 설명하느냐, 어느 부분을 강조하느냐, 불리한 쟁점을 어떻게 방어하느냐에 따라 결과가 달라진다. 그래서 변호사는 법정에서는 말을 아끼고, 오히려 서류와 준비 과정에 승부를 걸어야 한다. 법정에서의 10분은 그 뒤에 쌓아 온 수십 시간의 검토와 준비가 압축된 결과물인 셈이다.

또 하나의 역할은 의뢰인의 절차적 권리를 지켜 주는 것이다. 특히 형사 사건에서 피고인은 국가 권력 앞에 서게 된다. 이 과정에서 부당한 질문이나 절차 위반이 있을 수 있는데, 변호사가 이를 즉시 지적하지 않으면 그대로 넘어가 버린다. 변호사는 의뢰인이 권리를 잃지 않도록 순간순간 반응하고, 기록에 남기는 역할을 맡는다. 때로는 한마디 이의 제기가 판결에 결정적인 영향을 미치기도 한다.

마지막으로 중요한 것은 의뢰인의 마음을 지켜 주는 것이다. 재판정에 서 본 의뢰인들은 생각보다 위축되고, 자신이 죄인처럼 느껴진다고 말한다. 그 옆에 앉아 변호사가 담담하게 대응해 주는 것만으로도 의뢰인은 안도감을 얻는다. 그래서 변호사는 의뢰인의 법적 대리인일 뿐만 아니라, 심리적 버팀목이기도 하다.

결국 변호사의 진가는 화려한 액션이 아니라, 보이지 않는 디테일 속에서 드러난다. 감정을 법으로 정리하고, 권리를 절차 속에서 지켜내며, 의뢰인이 끝까지 버틸 수 있도록 곁을 지키는 것. 그것이 드라마와 현실의 가장 큰 차이이자, 변호사의 진짜 역할이라고 할 수 있다.

Q6 ✦ 변호사 사무실에서 변호사 이외의 사무직 직원들이 담당하는 업무에는 어떤 것들이 있나요?

법무법인 심을 꾸려 가면서 느끼는 건, 사무실이 결코 변호사 한두 명만으로 굴러가지 않는다는 점이다. 겉으로 보기에 의뢰인과 법정에 서는 것은 변호사지만, 그 뒤에는 묵묵히 사무실을 지탱하는 직원들의 손길이 있다. 사건 하나가 매끄럽게 진행되려면, 보이지 않는 곳에서 행정과 상담 업무가 치밀하게 맞물려야 한다.

먼저 사건 접수와 기록 관리가 있다. 의뢰인이 처음 사무실을 찾으면, 가장 먼저 마주하는 사람은 변호사가 아니라 로펌의 사무직원이다. 직원들은 의뢰인을 회의실로 안내하고 음료를 대접하기도 하지만, 의뢰인의 기본 정보를 받아 적고, 사건 관련 자료를 정리하는 일도 한다. 이 과정에서 빠뜨린 부분이 있으면 나중에 큰 혼선이 생기기 때문에 꼼꼼함이 무엇보다 중요하다. 법원에 제출할 소장이나 답변서의 부속서류, 인지와 송달료 처리, 사건 기록철 정리 같은 일도 모두 직원들의 몫이다.

둘째는 법원 및 기관과의 연락이다. 변호사가 직접 법원에 전화해 기일을 확인하는 일은 거의 없다. 대부분 직원들이 사건번호로 검색해 기일을 확인하고, 변경 사항이 있으면 바로 변호사에게 전달한다. 경찰서나 검찰청에 서류를 제출하거나 기록을 열람·복사하는 일도 직원들이 맡는다. 겉으로 보기엔 단순한 업무처럼 보이지만, 법원의 시스템과 절차를 제대로 이해하고 있어야만 가능한 일이다.

셋째는 의뢰인 상담 지원이다. 본격적인 법률 상담은 변호사가 하지만, 그 전에 의뢰인의 이야기를 처음 듣고 분위기를 풀어 주는 것은 직원들의 역할이다. 누군가에게 이혼 문제, 형사 문제를 꺼내는 것만으로도 큰 용기가 필요한데, 직원들이 따뜻하게 맞아 주면 의뢰인도 조금은 안심하고 변호사 앞에 앉게 된다. 또한 상담 후에 변호사가 의뢰인에게 바로 연락하기 어려울 때, 사건 진행 상황을 중간중간 알려 주는 것도 직원들의 몫이다. 의뢰인 입장에서는 작은 안내 하나에도 큰 신뢰를 느낀다.

넷째는 사무실 살림살이다. 사건과는 직접적인 관련이 없어 보이지만, 사무실 운영에 꼭 필요한 일들이 있다. 우편물 수발, 세금 계산서 처리, 급여 정리, 사무용품 관리 같은 일들이다. 변호사가 사건을 맡아 열심히 일할 수 있는 환경을 만드는 것도 직원들의 손에 달려 있다.

법무법인 심에서도 이런 직원들의 역할이 없었다면 지금처럼 술술 굴러가지 못했을 것이다. 사건을 맡아 법정에 서는 것이 '무대 위'의 모습이라면, 직원들의 행정·상담 업무는 '무대 뒤편의 조율'이다. 의뢰인은 주로 변호사의 이름만 기억하지만, 변호사가 제대로 된 역할을 하기까지는 사무실 직원들의 땀과 세심한 손길이 반드시 필요하다.

나는 가끔 이렇게 반쯤 진심이 섞인 농담을 한다. "내가 없어도 사무실이 잘 굴러가는 건, 내가 없기 때문입니다." 변호사가 의뢰인의 권리를 지켜 내듯, 직원들은 변호사가 제 역할을 다할 수 있도록 보이지 않는 권리를 지켜 내고 있다. 그 균형이 맞아야만 법무법인이 하나의 살아 있는 조직으로 움직일 수 있다.

Q7 ✦ 변호사 시험에 합격한 이후, 선택할 수 있는 진로에는 어떤 것들이 있나요?

변호사 시험을 통과했다고 해서 모두가 변호사로 개업하거나 로펌에 들어가는 것은 아니다. 의외로 주변을 돌아보면 다른 길을 선택한 동기들이 꽤 많다.

가장 대표적인 진로는 법원 로클럭(재판연구원)이다. 로클럭은 흔히 '판사의 비서'로 오해받기도 하지만, 실제 역할은 훨씬 전문적이다. 판사들이 재판을 준비할 때 사건 기록을 검토하고, 판결문 초안을 작성하는 것이 주요 업무다. 말하자면 재판의 보이지 않는 기초 공사를 담당하는 셈이다.

변호사들이 법정에서 10분 동안 다투고 판사가 1분의 판결문을 낭독하는 동안, 그 뒤에서는 로클럭들이 수백 페이지의 기록을 꼼꼼히 읽어 내려간다. 주변의 사례를 보면 성적이 우수한 친구들이 주로 이 길을 택했는데, 다들 법리에 깊이 몰입하고 싶어 하는 성향이 강했다.

다음으로는 판사나 검사의 길이다. 이들은 변호사 시험을 거친 후 별도의 선발 과정을 거쳐 임용된다. 판사는 결국 국가 권력을 대표해 분쟁을 최종적으로 해결하는 사람이고, 검사는 국가를 대신해 범죄에 관하여 법원에 기소하는 사람이다. 법정에서 변호사가 열심히 주장하는 모든 말은 결국 판사의 판단 앞에 놓인다. 검사 역시 같은 사건에서 변호사의 '상대편'으로 서게 된다. 변호사, 판사, 검사는 법조 삼각형의 꼭짓점들이라 할 수 있다.

그 외에도 변호사 시험 합격 후 공공기관이나 기업 법무팀에 들어가는 경우도 많다. 이들은 변호사 자격을 활용해 계약 검토, 내부 규정 정비, 각종 분쟁 예방 업무를 담당한다. 드러나지는 않지만, 기업이 큰 분쟁을 겪지 않고 안정적으로 굴러가게 하는 보이지 않는 방패 역할을 한다. 한때 함께 공부하던 동기 중 몇몇은 대기업 법무팀으로 들어가 지금도 '사내 변호사'라는 이름으로 활약하고 있다.

흥미로운 건, 아예 법조계를 떠나 다른 길을 선택하는 사람들도 있다는 점이다. 스타트업 창업을 하거나, 공무원 시험을 준비하거나, 학계에 남아 연구를 이어 가는 경우다. 이들은 "변호사 시험을 봤다"는 사실 자체가 든든한 자산이 된다. 법을 이해하는 능력은 사회의 거의 모든 분야에서 필요하기 때문이다.

나는 종종 생각한다. 같은 시험을 보고도 어떤 이는 법정에 서고, 어떤 이는 판결문을 쓰며, 또 어떤 이는 회사에서 계약서를 검토한다. 하지만 겉보기에는 다른 길처럼 보여도, 결국 모두가 사회의 분쟁을 줄이고 질서를 세우는 데 기여한다는 점에서는 다르지 않다. 변호사 시험이 열어 주는 길은 하나가 아니라 여러 갈래라는 것, 그리고 각자의 자리에서 법률가로서의 색깔을 드러낼 수 있다는 것, 그것이 이 제도의 묘미가 아닐까 한다.

Q8 ✦ 변호사가 법정에서 맡는 구체적인 역할과 책임에는 어떤 것들이 있나요?

법정에 선다는 건 단순히 그날의 변론을 한다는 것 이상의 의미가 있다. 사실 변호사의 일은 재판에 가기 전부터 이미 시작된다. 사건을 맡으면 먼저 기록을 꼼꼼히 읽고, 사건의 쟁점을 가려 내는 작업부터 한다. 여기서 방향을 잘못 잡으면 그 뒤의 모든 전략이 흔들린다. 그래서 의뢰인과 여러 차례 상담을 거듭하며, 작은 사실 하나까지 확인하려 애쓴다. 때로는 의뢰인이 "그건 별로 중요하지 않은데요" 하고 넘기는 말이 오히려 사건의 판세를 바꾸기도 한다.

재판 전 준비 단계에서는 변론서 작성과 증거 제출이 핵심이다. 변론서에는 사건의 경과, 쟁점, 법률적 근거를 정리해 담는다. 단순히 주장만 나열하는 것이 아니라, 판사가 읽고 바로 이해할 수 있도록 논리를 구조화하는 것이 중요하다. 증거 제출 역시 시간과 순서가 관건이다. 중요한 증거일수록 언제 어떻게 내는지가 전략이 된다. 드라마에서는 결정적인 증거를 재판 중반에 '짠' 하고 내밀지만, 현실은 미리 제출하지 않으면 아예 증거로 채택되지 않는 경우가 대부분이다.

재판 당일 법정에서는 변호사의 역할이 좀 더 구체적으로 드러난다. 먼저 판사의 질문에 의뢰인을 대신해 답하거나, 의뢰인이 직접 진술할 때 흐트러지지 않도록 곁에서 보조한다. 증인신문 단계에 들어가면, 변호사는 상대방 증인의 신빙성을 검증하고, 우리 쪽 증인의 진술을 최대한 신뢰성 있게 이끌어 내야 한다. 즉흥적인 질문처럼 보여도, 사실은 미리 예상 질문과 답변을 시뮬레이션해 두고 진행한다. 의도와 다르게 답변이 나왔을 때는 즉석에서 질문을 전환해 흐름을 바로잡는 것도 변호사의 몫이다.

　재판 중 변호사가 법원을 설득하는 방식은 화려하기보다는 꾸준하고 논리적인 반복이다. 한 번의 발언으로 판사의 마음을 돌릴 수 있다고 기대하기보다는, 준비서면, 증거, 변론, 증인신문까지 여러 단계를 거치며 같은 메시지를 일관되게 심어 준다. 판사가 판결문을 쓰는 순간 떠올릴 수 있도록, 논리의 씨앗을 차근차근 뿌려 두는 것이다.

　나는 형사 사건에서 피고인이 억울하게 기소된 사건을 맡은 적이 있었다. 사건의 핵심은 단 한 줄의 문자 메시지였는데, 그 의미를 어떻게 해석하느냐에 따라 유죄와 무죄가 갈렸다. 재판 전 변론서에서는 그 문자의 맥락을 분석했고, 증인신문에서는 상대방 증인의 기억이 얼마나 부정확한지를 드러냈다. 그리고 마지막 변론에서는 "이 사건은 결국 피고인의 진술이 아니라, 객관적 정황이 진실을 증명한다"라는 메시지를 일관되게 강조했다. 결과는 무죄였고, 의뢰인은 눈물을 흘리며 내 손을 잡았다. 그 순간, 변호사가 법정에서 맡는 역할이 단순히 서류를 제출하는 것이 아니라, 한 사람의 인생을 지켜 내는 일이라는 사실을 다시 실감했다.

정리하자면, 변호사의 법정 업무는 준비 → 증거 → 변론 → 신문 → 최종 변론까지 이어지는 긴 호흡의 과정이다. 그리고 그 모든 순간의 본질은 하나, 의뢰인의 목소리를 법정 안에서 가장 설득력 있게 대변하는 것이다. 드라마처럼 박수갈채를 받는 장면은 없지만, 조용히 판사의 마음을 움직여 판결문에 그 논리가 반영되는 순간, 변호사가 맡은 책임은 완성된다.

Q9 ✦ 변호사에게 수익성이 가장 높은 사건 유형은 무엇인가요?

사람들은 흔히 변호사에게 수익성이 높은 사건이라고 하면 거창한 대형 소송, 수백억 원대의 기업 분쟁을 떠올린다. 법정 드라마에서도 늘 화려한 대기업 소송이 중심에 있고, 승소하면 천문학적인 성공보수를 받는 장면이 그려지곤 한다. 하지만 개업해서 사건을 직접 맡아보니 현실은 꼭 그렇지만은 않았다. 오히려 빠른 시일 안에 합의가 원활히 이루어지는 사건이 변호사에게 가장 수익성이 높은 경우가 많았다.

그 이유는 간단하다. 소송에는 시간과 품이 많이 든다. 단순 민사 사건이라도 1심, 2심, 3심까지 가려면 몇 년이 훌쩍 지나간다. 그 과정에서 변호사는 수십, 수백 장의 서면을 쓰고, 매달 법정에 나가야 한다. 길게는 수년 동안 사건 하나에 매달리지만 보수는 이미 착수금과 약정된 성공보수로 정해져 있다. 결국 시간 대비 효율은 떨어질 수밖에 없다.

반면, 의뢰인들 사이에서 합의가 원만히 성사되는 경우는 다르다.

변호사가 중재자처럼 나서서 양쪽의 이해관계를 조율하고, 단기간에 사건이 종결된다. 의뢰인은 불필요한 소송 비용과 시간을 아낄 수 있고, 변호사는 합의 성과에 따라 성공보수를 받는다. 실제로 이런 사건은 서면 작업도 상대적으로 적고, 재판 기일에 매번 출석할 필요도 없다.

짧은 시간 안에 사건을 매듭짓고, 의뢰인도 만족하고, 변호사 역시 합당한 보수를 받을 수 있는, 말 그대로 윈윈(Win-Win) 구조다. 또한 내게 사건을 맡긴 의뢰인이나 상대방 모두 기분 좋게 사건이 마무리되기 때문에, 합의를 도출하는 과정에서 좋은 인상을 심어 주면, 의뢰인은 물론 상대방도 나의 단골 고객이 되는 경우가 많다.

물론 모든 사건이 그렇게 쉽게 풀리지는 않는다. 감정의 골이 깊을수록 합의는 요원하고, 결국 판결로 가는 경우가 많다. 하지만 변호사로서 경험을 쌓아 갈수록 확실히 깨닫는 점이 있다. 변호사에게 가장 '돈이 되는' 사건은 단순히 소송 가액이 크고 복잡한 사건이 아니라, 당사자들 사이에 대화의 길을 열어 주어 단기간에 종결되는 사건이라는 것이다.

나는 그래서 상담할 때 종종 의뢰인에게 "끝까지 싸우는 것만이 능사가 아니다"라고 말하곤 한다. 때로는 합의가 가장 현명한 선택일 수 있고, 변호사에게도 효율적인 길이 된다. 결국 수익성 높은 사건이란, 법정에서 몇 년을 보내며 승소하는 사건이 아니라, 사람들의 갈등을 짧은 시간 안에 풀어 내고 모두가 납득할 수 있게 마무리된 사건이 아닐까 싶다.

Q10 ✦ 성공적인 변론을 위해 평소 어떤 준비를 하시나요?

변호사에게 재판은 무대와도 같다. 판사와 검사, 상대방 변호사 앞에서 내 의뢰인의 목소리를 대변해야 하니, 준비가 부족하면 금세 드러난다. 그래서 나는 평소에도 나름의 '무대 준비'를 게을리하지 않는다.

우선, 법정 드라마를 챙겨 본다. 드라마 속 변호사들은 현실과는 많이 다르지만, 고객들이 변호사에게 기대하는 이미지를 확인하는 데 도움이 된다. 어떤 성격, 어떤 말투의 변호사를 선호하는지 트렌드를 읽을 수 있다. 상담할 때 고객이 "드라마에서 본 변호사처럼 해 주길 바란다"는 눈빛을 보내는 경우가 많은데, 그때 드라마 속 캐릭터를 참고하면 의외로 도움이 된다.

또, 스피치를 꾸준히 연습한다. 말의 속도, 억양, 전달력은 단순한 화술이 아니라 설득의 무기다. 그래서 아나운서들과 유튜브도 찍고 틈틈이 발음이나 전달력을 교정받기도 한다. KBS의 김진웅 아나운서는 나의 오랜 선배이자 너무나도 고마운 스피치 멘토이다.

전달력과 발음을 다듬기 위해 랩을 배우기도 했는데, 빠른 템포에 맞춰 정확히 발음을 내뱉는 훈련이 법정에서 짧고 명확하게 핵심을 전하는 데 도움이 되었다. 래퍼 지코의 친형인 우태운 프로듀서에게 오랫동안 랩과 작사를 배우며 조금씩 말을 '맛있게' 하는 훈련도 하고 있다.

운동도 결코 빼먹지 않는다. 달리기와 웨이트 트레이닝을 하며 체력을 유지해야 먼 거리를 운전해 가서 때로는 끼니도 거르고 치르게 되는 긴 재판 일정에도 흔들리지 않는다. 불편한 정장까지 입은 상태에서 체력이 무너지면 정신도 혼미해지고, 결국 변론에도 영향을 미치기 때문이다.

하지만 무엇보다 중요한 준비는 의뢰인과의 긴밀한 소통이다. 변호사의 논리는 책상 위에서만 나오는 것이 아니다. 사건을 누구보다 잘 아는 사람은 의뢰인이고, 변호사의 임무는 그 이야기를 법률 언어로 정리하는 것이다. 의뢰인과 자주 만나 대화하다 보면 처음에는 사소하게 여겼던 사실이 핵심 증거가 되기도 한다. 그래서 상담 과정에서 메모를 빼곡히 하고, 작은 단서 하나도 놓치지 않으려 애쓴다.

성공적인 변론을 만드는 힘은 화려한 말솜씨보다 탄탄한 논리 구조다. 아무리 발음이 정확하고 억양이 멋져도, 근거 없는 주장은 판사를 설득할 수 없다. 반대로 자료와 증거가 촘촘히 뒷받침된 논리는 짧은 한마디만으로도 힘을 발휘한다. 나는 늘 "말은 서류 위에서 이미 끝나야 한다"고 생각한다. 법정에서는 준비된 논리를 차분히 꺼내 놓기만 하면 된다.

드라마와 랩, 운동이 나에게 자신감을 준다면, 고객과의 소통과 치밀한 준비는 나에게 무기를 쥐여 준다. 결국 변호사의 성공적인 변론이란, 무대 위에서 번뜩이는 임기응변이 아니라, 보이지 않는 자리에서 쌓아 온 땀과 성실함의 산물이다.

9장

☆

나다운 변호사로

법무법인 심을 만들다

다니던 회사를 그만두게 된 것은 인사담당 변호사님께서 재계약이 어려울 것 같다고 통보했을 때였다. 처음엔 많이 속상했다. 왜 그렇게까지 마음이 아팠는지 곱씹어 보니, 결국 그만큼 회사를 좋아했기 때문이었다. 만약 재계약이 어려울 것이라는 말을 들었을 때 "그래, 나도 나가고 싶었어"라고 생각했다면 오히려 후련했을 텐데, 계속 다니고 싶었기에 더 아팠던 것 같다.

'MZ 오피스' 같은 드라마를 보면, 직원들이 언제든지 그만두고 싶어 하는 회사의 모습이 나온다. 그렇지만 한편으로는 아직도 세상에는 그만두기 싫은 회사, 남아 있는 사람들이 부러운 회사도 있다. 나역시 언젠가 다니고 싶은 회사, 그리고 상황에 따라 그만두게 된다면 속상할 만큼 직원들이 좋아하는 회사를 만들어 보고 싶다는 생각이 들었다. 그리고 한 가지 더, 내가 만드는 회사에서는 누구도 해고당하지 않는, 잘나가는 회사를 만들고 싶었다.

실업을 직접 경험하고 나니 일자리를 제공한다는 것이 얼마나 의미 있는 일인지 새삼 깨달았다. 그래서 대학 시절에 배운 창업을 직접 해 보기로 결심했다. 처음에는 변호사 한 명, 사무장 한 명, 비서 한 명과 함께 시작했다. 올해는 함께 시작한 변호사와 사무장, 둘 다 결혼을 앞두고 있다. 작년만 해도 불안해하고 생업에 대한 걱정이 많았던 사람들이었는데, 지난 1년 동안 우리 회사가 적어도 경제적인 안정감은 주었기에 이들이 결혼을 결심할 수 있었으리라고 생각하니 무척 뿌듯하다. 앞으로도 이런 뿌듯함을 느끼며 회사를 꾸려 가고 싶다.

개인 법률사무소 대신 법무법인의 형태로 개업을 선택한 이유도 사람들과 함께 일하고 싶어서였다. 혼자서 개인 사무소를 열심히 운영해 성공할 수도 있겠지만, 잘 안 되면 그만큼 힘들고, 잘되더라도 외롭고 허탈할 것 같았다. 혼자서 아무리 돈을 많이 번다고 해도, 삶의 모습은 경쟁에 찌든 로스쿨 학생 때와 크게 다르지 않겠다는 생각이 들었다. 혼자 일하는 것보다 함께 성장하고, "덕분에 잘됐다"는 말을 주고받으며 즐거움을 나누는 회사가 더 의미 있다고 느꼈다.

변호사가 아니었다면 어떤 직업을 선택했을지 여러 번 상상해 본 적이 있다. 예능인이나 개그맨이 되고 싶다는 생각이 가장 먼저 떠오른다. 최근 유튜브나 인스타그램 같은 플랫폼을 운영하면서도 느낀다. 누군가는 멋진 이미지를 만들고, 누군가는 전문성을 강조하며 사람들에게 정보를 주고 싶어 하지만, 내 경우에는 꼭 사람들을 웃게 하고 싶다는 욕심이 있다.

사람들이 내 이야기를 듣고 웃을 때, 그 순간이 가장 즐겁다. 남들에게 즐거움을 주는 일, 그게 내 안에 깊이 자리 잡은 욕구라는 걸 점점 더 자주 느낀다. 변호사가 되지 않았더라도 사람들과 함께하며 웃음을 주고, 즐거움을 전하는 일에 열심이지 않았을까 싶다.

어떤 심(心)을 만들 것인가

법무법인 심의 홍보와 마케팅에서 가장 신경 쓰는 부분은, 의뢰인이 우리에게 일을 맡기는 것을 자랑스럽게 느끼게 하는 데 있다. 많은 사람이 변호사를 선임하는 일을 다소 부끄럽게 여기지만, 어차피 도움이 필요한 상황이라면 기왕이면 '심'에 맡기고 싶고, '심'에 일을 맡겼다는 사실이 특권처럼 느껴질 만큼 신뢰감을 주는 긍정적인 이미지를 만들고 싶다.

따라서 '심'은 좋은 일도 많이 하고 실제로도 일을 잘하는 회사라는 이미지를 강조하며, 단순히 결과가 좋은 곳이 아니라 "여기서 이혼을 했더니 행복한 삶을 살게 됐다"와 같은 메시지를 지속적으로 어필하는 광고를 지향하고 있다. 이런 접근은 실제로 고객의 상황과 감정에 공감하는 따뜻한 로펌이라는 브랜드 정체성과도 맞닿아 있다.

고객과의 커뮤니케이션에서도 공감 방식을 특별히 중시한다. 단순히 의뢰인의 이야기에 동조하거나 상대를 비난하는 것이 아니라, 감정에 정확히 집중해 "기분이 어떠셨나요?", "힘드셨겠네요", "속상하셨겠어요"처럼 고객이 느끼는 감정을 짚어 주는 방식이다. 이런 대화는 고객이 자신의 감정을 인정받고 있다고 느끼게 해 신뢰를 쌓는 데 큰 역할을 한다. 진정한 공감은 고객 감정을 정확히 인지하고, 그 감정에 이름을 붙여 주는 데서 시작된다고 믿는다.

법무법인의 이름을 '심'으로 정한 데에도 이유가 있다. '심(心)' 자는 말 그대로 '마음'을 뜻한다. 로펌도 결국 공감하는 곳이라는 이미지를 강조하고 싶었고, '심'이라는 이름이 그런 메시지를 가장 효과적으로 전달할 수 있을 것 같았다. 그리고 하늘, 바다, 태산 같은 좋은 두 글 자 이름들은 경쟁이 치열해서 이미 다 쓰이고 있는데, '심'과 같은 한 글자 이름은 아직 드물다는 점도 하나의 이유가 되었다.

다른 한편으로는 나와, 함께 일하는 공동 창업자인 심준섭 변호사 가 같은 '심 씨'이기 때문이었다. 물론 내가 주도해서 만든 회사이지 만, 나의 색깔만 너무 강하게 드러나는 이름으로 해 버리면 함께 일 하는 동료가 불편해할 수도 있고, 나중에 주인의식을 갖게 하기도 어 려울 것 같았다. 서로 이견이 없으면서도 나와 준섭이 모두에게 의미 가 있는 이름이 필요했다. (현재 로펌에는 열댓 명 남짓의 변호사가 있는데, 그중 4명이 심 씨다. 흔하지 않은 성씨라서, 밖에 나가서 "내 성씨를 딴 로펌이다"라고 말해 도 오해가 없다. 만약 흔한 성씨였다면 그렇게 말하기가 애매했을 텐데, 심 씨는 그럴 걱 정이 없다.) 결국 '심'이라는 이름은 동료와의 균형, 공감의 메시지, 그 리고 소속감과 주인의식을 모두 담으려 정한 이름인 셈이다.

창업, 장난이 아닌 도전

한번은 스타트업에서 스톡옵션을 주겠다는 조건으로 부대표 제안을 받은 적이 있었다. 꽤 진지하게 고민했지만, 이미 어느 정도 성장한 회사였기에 내가 새롭게 창출할 수 있는 가치가 별로 없어 보였다. 실질적으로는 관리자의 역할에 머무를 것 같았고, 그 이상을 기대하기는 어려웠다. 결국 새로운 도전과 변화를 원했던 마음이 더 컸고, 내 손으로 직접 무언가를 만들어 가고 싶다는 생각에 로펌 창업을 선택하게 됐다.

정체된 구조 안에서 관리자로 남기보다는, 스스로 시장에서 새로운 영역을 개척하고, 내 이름으로 책임을 지며 성장하는 길을 택하는 것이 더 의미 있다고 느꼈다. 결국 선택의 기준은 안정된 자리를 지키는 것보다 스스로 가치를 창출하고 싶은 갈증, 그리고 그 과정에서 느끼는 주인의식과 성장의 가능성이었다.

창업 초기에는 함께 일하는 사람들의 목적이 모두 달라서 어려움이 많았다. 나는 사람들에게 일자리를 주고, 함께 일할 수 있는 회사, 그리고 멋있는 회사를 만들고 싶다는 목표가 있었지만, 함께 시작한 변호사들 중에는 돈을 더 많이 벌고 싶다는 사람도 있었고, 안정적인 직장을 갖고 싶다는 사람도 있었다.

　각자 꿈꾸는 방향이 다르다 보니, 나아가는 길에 대해 다툼이 생기기도 했다. 하지만 결론은 하나였다. 상대방이 더 중요하게 생각하는 가치에 대해서는 내가 한발 양보하는 것이었다. 그렇게 서로 원하는 것을 취할 수 있도록 조율했다. 이런 식으로 양보의 원칙을 세우니 오히려 조화점을 쉽게 찾을 수 있었다. 서로의 욕심을 내려놓고 양보하기로 마음먹으니 창업 과정이 훨씬 편해졌다.

　율촌에서 일한 경험은 창업에 큰 도움이 됐다. 회사 운영이나 고객을 만나는 상황에서 막히는 일이 생기면, 예전에 내게 일을 가르쳐 주었던 변호사님이라면 어떻게 판단했을지 떠올려 보고 그 기준을 참고했다. 직접 물어볼 수는 없지만, 그때의 경험이 일종의 지침이 되어 주었다.

　또, 율촌에서 일했다는 경력은 새로운 사람을 만날 때 신뢰를 얻는 데 큰 역할을 했다. 대형 로펌에서 배운 문서 양식이나 고객에게 메일을 보내는 방법도 창업 후 큰 자산이 됐다. 예전에는 이런 형식이 별로 중요하지 않다고 생각했지만, 실제로 더 예쁘고 정중하게 문서를 만들고 메일을 보내니 고객 만족도가 훨씬 높아졌다. 이런 세세한 차이가 고객 신뢰를 좌우한다는 점을 직접 느꼈다.

창업을 실감한 순간은 세금 고지서를 받았을 때였다. 법인세, 퇴직연금 등 회사 다닐 때는 신경 쓰지 않았던 세금들이 쏟아지니, 도망칠 수 없는 현실이 실감 났다. 회사에 다닐 때는 이런 문제를 회사 내 담당 인력들이 다 처리해 줬지만, 창업 후에는 모든 책임이 내게 돌아왔다.

사람을 뽑는 일도 쉽지 않았다. 로펌은 고가의 설비가 아니라 사람이 전부이기 때문에 한 명 한 명이 큰 자산이자 동시에 큰 리스크다. 월급과 같이 사람과 관련된 고정비가 크므로 사람을 잘못 뽑으면 한 번에 2~3억 원의 손해를 볼 수도 있다. 조건이 맞는 지원자는 많지만, 진짜 믿고 맡길 만한 사람을 찾는 일은 어렵다. 한 번의 잘못된 선택이 회사 전체에 큰 부담이 될 수 있어 채용 과정에서 신중함이 필요하다.

동료를 구하는 기준

변호사 지원자는 항상 많다. 변호사라는 직업 자체가 언제든 이직을 염두에 두고 살아가는 특성이 있기 때문이다. 개개인의 능력 자체가 자산이기 때문에 근로계약을 맺고 있더라도 더 좋은 조건이 있으면 언제든 이동할 수 있다. 그래서 모든 변호사가 사실상 늘 구직 중인 셈이고, 지원도 꾸준히 이어진다. 다만 조건이 맞지 않으면 쉽게 오지 않는다.

로펌마다 조건이 크게 다르지는 않지만, 일반 기업과 달리 월급 50만 원, 100만 원 차이만으로도 이직을 결심하는 경우가 많다. 변호사 사무실은 방이 대부분 개인 공간이기 때문에, 약간 더 나은 조건에도 컴퓨터만 챙겨서 쉽게 움직일 수 있다.

채용에서 가장 중요하게 보는 것은 인성이다. 인성은 한 번에 완벽하게 판단하기 어렵지만, 다양한 사람을 만나고 일하다 보면 대략적인 성향은 파악할 수 있다. 이 사람이 선한지, 이해타산적인지, 혹은 뭔가 불편한 느낌이 있는지 정도는 대화를 통해 감지할 수 있다. 실수나 업무 능력 부족은 시간이 지나면 충분히 보완할 수 있지만, 인성에 문제가 있다고 판단되면 바로 내보내는 편이다. 인성은 내가 감히 바꿀 수 없다고 생각하기 때문이다.

면접에서 느껴지는 분위기로도 많은 부분을 판단한다. 학벌이나 경력은 어느 정도 기본만 충족하면 된다. 우리 정도 규모의 회사에 지원하는 사람 중 완벽한 스펙을 가진 이는 드물고, 변호사 자격을 땄다는 것만으로도 기본적인 능력은 검증된 셈이다. 그다음은 나와 핏이 맞는지, 그리고 스스로 성장하려는 의지가 있는지, 앞으로 어떤 능력을 갖추고 싶고 그걸 위해 얼마나 노력할 수 있는지 등을 본다. 결국, 채용의 핵심은 함께 일할 수 있고 신뢰할 수 있는 사람을 찾는 데 있다.

면접에서 꼭 하는 질문은 "어떤 사람이 되고 싶은지, 어떤 변호사가 되고 싶은지"다. 이 질문을 통해 지원자의 가치관을 알아보려 한다. 회사에 뼈를 묻겠다는 식의 답변은 진솔하게 들리지 않는다. 우리 회사는 생긴 지 얼마 안 됐고, 나 역시 평생 이곳에 있을 생각은 없으니, 그런 답변은 오히려 거짓말처럼 느껴진다.

최근 채용 시장의 트렌드는 '진정성'과 '자기다움', 그리고 회사와의 방향성 일치에 방점이 찍혀 있다고 생각한다. 실제로 몇 년 사이 변호사들도 근속 연수가 짧아지고, 신입보다 경력 변호사 채용이 늘어나는 등 유연성과 이동성을 중시하는 방향으로 변화하고 있다. 이전처럼 조직에 대한 맹목적 충성이나 형식적인 답변이 아니라, 본인의 삶과 성장에 대한 고민, 그리고 회사와의 '컬처 핏'을 중시하는 분위기가 확실히 자리 잡고 있다.

실제로 많은 지원자가 면접에서 형식적인 답변을 하곤 하지만, 그보다 본인의 진짜 생각을 솔직하게 말하는 사람이 더 신뢰가 간다. 예를 들어 "월급 받으면서 안정적으로 사는 게 좋다"는 소박한 대답도, 그 안에 진정성이 느껴지면 오히려 그 사람을 더 높이 평가하게 된다. 이 질문을 통해 지원자가 얼마나 솔직한지, 자신의 가치관에 대해 얼마나 고민해 봤는지, 그리고 그 답변이 얼마나 진정성 있는지를 보려 한다. 모든 회사에 통하는 방법이라고는 말할 수 없겠지만 자신의 가치관을 진솔하게 드러내는 사람을 진정 필요로 하는 회사라면 그 지원자를 놓치지 않으려 할 것이다.

지극히 사적인 의견이긴 하나, 변호사 자격 외에 다른 전문 자격증, 예를 들어 변리사, 회계사, 세무사 같은 자격은 실제로 변호사 실무에 큰 도움이 되지 않는다. 변호사법에서 이런 자격을 가진 사람이 변호사 업무와 해당 자격 업무를 동시에 하는 것을 엄격하게 제한하고 있기 때문이다. 실제로 변호사에게 세무사 자격을 자동으로 주는 제도도 최근 폐지됐고, 변리사나 회계사 자격이 있어도 실무에서 그 자격을 적극적으로 활용할 길은 막혀 있다. 기업 법무 분야에서도 자격증이 있으면 지식의 증거가 될 수는 있지만, 실질적으로는 법률 지식과 경험이 더 중요하게 작용한다.

오히려 부러운 자격은 골프 티칭 프로, 스쿠버 다이빙 자격증, 비행기 조종 자격증 같은 것이다. 이런 자격을 가진 사람들은 새로운 사람을 만났을 때 공통의 관심사로 쉽게 친해질 수 있고, 대화의 물꼬를 트는 데 큰 장점이 있다. 예를 들어, 골프 프로 자격이 있으면 골프를 좋아하는 사람들과 금방 가까워질 수 있고, 스쿠버 다이빙이나 비행기 조종 자격증이 있으면 비슷한 취미를 가진 고객이 자연스럽게 관심을 갖고 대화를 이어 가게 된다.

변호사라는 직업 자체만으로도 이미 충분히 똑똑한 사람이라는 인식이 있는데, 여기에 회계사나 다른 자격까지 너무 자랑하듯 내세우면 오히려 거리감이 생기고, "재수 없다"는 인상을 줄 수도 있다. 그래서 여러 자격증을 내세우기보다는, 사람들과 자연스럽게 어울릴 수 있는 취미나 특기가 훨씬 더 실질적인 도움이 된다고 요즘에는 느끼고 있다.

색다른 선택, 테헤란로

로펌을 창업하면서 사무실 위치를 어디에 둘지 가장 많이 고민했다. 전통적으로는 교대역을 중심으로 한 서초동에 변호사 사무실이 몰려 있다. 실제로 교대역에 가 보면 주변이 온통 변호사 사무실뿐이고, 점심을 먹으러 나가도 어딜 가나 변호사가 많아 이웃이 전부 경쟁자처럼 느껴질 정도다. 그런 환경에서 일상까지 경쟁에 내몰릴 것 같아 부담스러웠다.

율촌에서 오래 일했던 경험 덕분에, 테헤란로와 그 인근 지역의 분위기, 편의 시설, 식당 등을 매우 익숙하게 느꼈다. 무엇보다 '내가 성공한다면 사람들이 나를 찾아올 것이니 굳이 변호사가 많은 곳에 있을 필요는 없다'는 생각이 들었다. 그래서 교대역 대신 테헤란로에 사무실을 열었다. 실제로 최근 젊은 변호사들, 특히 부티크 로펌을 창업하는 이들 사이에서 테헤란로가 선호되는 분위기다. 기업 고객 유치에 유리하고, 강남권의 비즈니스 중심지라는 점도 큰 장점으로 꼽힌다.

지금의 사무실 위치에는 만족하는 점도 있지만, 남들과 다른 고민도 생긴다. 예를 들어, 재판이 열릴 때마다 지하철을 타고 법원까지 이동해야 한다. 교대역이나 서초동에 사무실을 둔 변호사들은 법원과 검찰청이 가까워 사건 진행이 더 효율적일 수 있다. 또한, 새로운 변호사를 영입할 때면 교대역을 떠나는 것에 불안감을 느끼는 경우가 많아 테헤란로만의 장점을 설명하고 설득해야 한다. 이를 위해 온라인 마케팅이나 방송 등 차별화된 메리트를 만들어야 하는데, 이 역시 쉽지 않은 과제다. 서초동은 임대료와 시세가 어느 정도 정해져 있어 예측이 가능한 반면, 테헤란로는 그런 기준이 불분명해 시세 파악이 어렵고, 변호사 시장의 트렌드를 파악하는 데도 한계가 있다.

결국 사무실 위치를 정할 때는 단순히 법원과의 거리만이 아니라, 내가 일하고 싶은 환경, 고객층, 그리고 앞으로의 성장 가능성까지 모두 고려해야 한다. 남들과 다른 길을 선택하면 그만큼 새로운 고민과 과제가 따라온다.

더 이상 워라밸은 없다

창업 이후 삶은 완전히 달라졌다. 로펌에 다닐 때는 치열한 경쟁 속에서 원하는 자리에 오르기 위해 늘 옆에 있는 동료들과 경쟁해야 했다. 열 명 중 한 명만 남는 구조, 남보다 앞서야만 살아남는 환경이었다. 그런데 창업을 하고 나서는 경쟁의 방식이 완전히 달라졌다. 흔히 로펌들끼리 경쟁해서 이기는 쪽이 살아남는다고 생각하지만, 실제로는 한 분야를 독점할 수 있는 로펌만 살아남는다. 남들은 법률 시장을 열 개로 쪼갠다면, 나는 백 개, 천 개로 세분화해 그중 단 하나라도 독점할 수 있는 영역을 찾는 게 중요하다고 느꼈다.

그래서 이제는 단순히 일하는 시간을 늘리는 것이 아니라, 내가 먹고살 수 있는 분야를 찾는 데 더 많은 시간을 쓴다. 다양한 사람을 만나고, 새로운 경험을 하며, '세상에 이렇게 다양한 분야가 있구나'를 체감한다. 그 안에서 '이 분야라면 내가 독점할 수 있겠다'는 확신이 들 때, 비로소 그 영역에 집중한다. 바쁜 것은 오히려 지금이 더하다.

하지만 훨씬 더 자유롭다. 정해진 일만 반복하는 것이 아니라, 내가 하고 싶은 일에 시간을 쓸 수 있다는 점이 가장 큰 변화다.

새로운 습관도 생겼다. 평일 새벽마다 러닝을 하며 하루를 시작한다. 어떤 일이 있어도 이 습관만큼은 지키려 한다. 덕분에 아침에 맑은 정신으로 업무에 집중할 수 있고, 남들보다 빠르게 퇴근할 수 있다. 체력이 좋아지니 퇴근 후에는 사람들을 만나거나 새로운 취미에도 도전할 수 있다. 이렇게 취미가 늘어나 '취미 부자'가 되었다. 창업 이후, 경쟁의 방식과 삶의 우선순위, 그리고 일상까지 모든 것이 달라졌다.

두렵고 설레는 미래

미래에는 지금처럼 많은 변호사가 필요하지 않을 수도 있다. 만약 현재 변호사가 3만 명이라면, 앞으로는 3,000명, 아니 300명만으로도 충분히 역할을 감당할 수 있을지 모른다. 그런 시장 변화에서 살아남으려면, 기존에 변호사의 역할이라고 생각했던 틀에서 벗어나 더 유연하게 적응해야 한다. 앞으로 어떤 업무는 AI가 대체할 수도 있고, 그동안 변호사의 일이 아니었던 분야까지 변호사가 진출하게 될 가능성도 크다. AI 등 기술을 적극적으로 활용해 전문성을 높일 뿐 아니라, 심리 상담사처럼 공감 능력을 바탕으로 고객의 삶 전체를 이해하고 조언하는 역할까지 맡게 될 수도 있다. 예를 들어 이혼 전문 변호사라면 단순히 이혼 소송만 처리하는 것이 아니라, 그 이후의 삶까지 함께 고민하고 안내하는 역할을 맡는 것이다.

미래의 법조인에게 요구되는 역량도 달라지고 있다. 변호사는 점점 늘어나고, 고객은 점점 더 똑똑해진다. AI 역시 변호사만큼 전문성을 갖추고, 정확한 정보를 제공하는 시대다. 이런 환경에서 변호사가 가치를 창출하려면, 기계보다 더 '인간적'이어야 한다. 단순히 감정적이 되라는 뜻이 아니라, 고객과의 약속을 지키고, 정직하게 소통하며, 고객 입장에서 한 번 더 고민하는 태도가 필요하다. 절실한 상황에서 찾아온 고객과 친구가 되어 줄 수 있을 때, 그리고 그런 진심이 쌓여 나를 응원하는 사람들이 늘어날 때, 비로소 변호사로서의 소임을 다했다고 할 수 있다.

변호사가 가진 가장 큰 강점은 다양한 사람들의 이야기를 듣고, 직접 경험하지 않은 세계에도 깊이 관여할 수 있다는 점이다. 만약 법률 서비스가 단순히 사건 해결에서 끝난다고 생각한다면, 앞으로 변호사의 역할은 점점 줄어들 수 있다. 하지만 법률 서비스의 앞과 뒤, 즉 고객의 인생 전반에 대해 조언하고 동행하는 사람으로 변호사의 역할을 확장한다면, AI가 대체하지 못하는 부분이 여전히 많다.

변호사의 미래는 변화에 유연하게 적응하고, 인간적인 신뢰와 공감을 쌓고, 역할을 새롭게 확장해 나가는 데 달려 있다. 변호사는 하나의 라이선스일 뿐, 그 안에서 시장이 요구하는 역할을 고민하고 성장하는 사람만이 앞으로도 살아남을 수 있을 것이다.

미래의 변호사들에게

부모 세대와는 달리 세상이 크게 변했지만, 변호사의 수임료와 월급은 여전히 제자리다. 그래서 때로는 나처럼 꿈꿔 왔던 삶과 현실의 간극에 실망하거나, 고민에 빠지는 순간도 찾아올 것이다. 하지만 놀고 싶고 쉬고 싶었던 어린 날의 유혹과 게으름을 이겨 내고 짧게는 3년, 길게는 20년에 가까운 시간을 오롯이 공부에 쏟아부은 내공은 배신하지 않는다. 불필요한 권위 의식만 조금 내려놓는다면, 그렇게 버텨 온 시간을 반드시 보상받는 날이 찾아온다. 그 보상의 모습은 사람마다 달라 구체적으로 설명할 수는 없지만, 나 역시 그 보상을 받으며 어느 때보다 행복한 삶을 살고 있다.

변호사라는 일은 흔히 말하는 '성공', 즉 돈을 많이 벌고 사회적으로 크게 인정받는 삶이 반드시 보장되는 직업은 아니다. 물론 성공의 기준은 사람마다 다르기 때문에 변호사가 된 것만으로도 이미 성공했다고 보는 이들도 있고, 더 큰 성취를 꿈꾸는 이들도 있을 것이다. 그러나 변호사라는 직업은 적어도 존중받으며 살아갈 수 있는 일이고, 그 자체로 가치 있는 일이며, 많은 가능성을 열어 주기도 한다. 변호사가 되기 위해 치열하게 달려가는 만큼 그 이후의 삶에서 찾아올 불안과 경쟁은 줄어들 것이다. 최대치로 노력한 시간이 있고 나서야 비로소 자신만의 삶과 행복을 만들어 갈 수 있다.

마치며

눈물 흘리며 할아버지를 보내 드린 후 거창하게 시작하여 패기롭게 지난 10년을 보냈지만, 돌아보니 지난 10년의 과정은 결국 변호사라는 라이선스 하나를 내 삶에 더하는 것, 그 이상도 이하도 아니었다. 결국 나는 오늘도 또 다른 행복을 찾아 열심히 살아가는 한 사람일 뿐이다.

'라이온 킹'의 심바는 작품의 후반부에 이르러 죄책감을 내려놓게 되지만 그렇다고 해서 그 감정이 완전히 사라진 것은 아니었다. 오히려 죄책감이 다른 형태, 즉 책임감으로 바뀌었다고 보는 것이 맞다. 한때는 스스로 죄인이라 여기며 모든 것을 내려놓고 도망치려 했지만, 결국 나쁜 이들과 맞서 싸우고, 무리를 잘 이끌어 가야 한다는 새로운 책임감으로 자신의 터전을 지킨다.

나도 이제는 예전처럼 스스로를 날카롭고 엄격하게 몰아붙이지 않는다. 조금 더 관대해지고 하고 싶은 일은 하되, 맡은 책임은 반드시 다하는 삶을 지향한다. 회사에서도 대표로서 맡은 역할과 책임이 있다면, 그 책임을 다하면서 내가 원하는 일을 하는 것이 중요하다. 그렇게 책임을 다한 뒤에야 박수를 받을 자격이 생긴다. 반대로 책임을 다하지 않고 하고 싶은 일만 한다면, 박수는커녕 '해야 할 일을 안 하는 사람'이라는 비난을 받게 된다.

지금 내 삶의 모티브는, 내가 하고 싶은 일을 하면서도 사회적으로 문제를 일으키지 않고, 주어진 책임을 다하는 것이다. 무엇보다도, 나로 인해 행복해지는 사람이 있었으면 한다. 가족이든, 직원이든, 혹은 내가 만든 서비스나 제도 덕분에 행복해지는 누군가든 말이다. 그리고 10년 후 누군가가 '어떤 사람이 되고 싶냐'고 물었을 때, '심규덕 같은 사람이 되고 싶다'는 대답이 나왔으면 좋겠다. 그날을 위해 나는 오늘도 나아가고 있다.

변호사가
될게요

초판 발행 2026년 1월 5일

펴낸곳 현익출판

발행인 현호영

지은이 심규덕

편집 황현아

디자인 STUDIO 보글, d.purple

주소 서울특별시 마포구 월드컵북로58길 10, 더팬빌딩 9층

팩스 070.8224.4322

ISBN 979-11-94793-44-1

좋은 아이디어와 제안이 있으시면 출판을 통해 가치를 나누길 바랍니다.
투고 및 제안: uxreviewkorea@gmail.com